RHABARBER

DIE BESTEN REZEPTE

RHABARBER

▸▸→ RAFAEL PRANSCHKE ←◂◂

Edition
Fackelträger

INHALTS-
verzeichnis

EINLEITUNG   6

WARENKUNDE   9

FRÜHSTÜCK   **14**

BACKEN   **32**

SALATE UND SUPPEN   **54**

HAUPTGÄNGE   **74**

DESSERTS   **108**

GETRÄNKE   **126**

REGISTER   138

RHABARBER
GLÜCK

Das frische, saure und fruchtige Stangengemüse erfreut sich pünktlich zum Sommeranfang immer wiederkehrender Beliebtheit. Die knackigen Stangen des rot-grünen Rhabarbers verwöhnen den Gaumen und verzaubern mit immer vielseitigeren Rezepten.

Genießen Sie Rhabarber nicht nur klassisch süß als Kompott, Marmelade oder Kuchen, sondern entdecken Sie abwechslungsreiche herzhafte Rhabarberkreationen, die es in sich haben!

Ob zum Frühstück als Start in einen sonnigen Tag oder in einer wunderbar erfrischenden Bowle als krönender Abschluss – Rhabarber bietet eine Vielfalt an Rezeptmöglichkeiten, die ihm auf den ersten Blick gar nicht zugetraut wird! Der Abwechslung sind keine Grenzen gesetzt.

Mehr als 50 neue, innovative Rhabarberrezepte warten auf ihren großen Auftritt.

Von Frühstück über Salate und Suppen bis hin zu pikanten Hauptgerichten und erfrischenden Getränken ist alles dabei!

Genießen Sie Rhabarber-Müsli mit griechischem Joghurt und Honig, Rhabarber-Milchreis-Tarte oder Feldsalat mit Speck und Rhabarber-Chutney. Schwelgen Sie in Kalbsfilet auf Rhabarber-Möhren-Gemüse, Rhabarber-Risotto mit Thunfisch oder Roter Grütze mit Rhabarber und Vanillesauce.

Genießen Sie die Rhabarbersaison mit diesen frischen neuen Rezepten!

WAREN-KUNDE

Seinen Ursprung hat der *Rheum barbarum* (= Wurzel der Barbaren), so der ursprüngliche Name der Pflanze, als Medikament, da die Wurzeln des Rhabarbers eine verdauungsfördernde und abführende Wirkung besitzen. Als Gemüse und beliebtes Lebensmittel wurde der Rhabarber erst entdeckt, als er aus China nach Europa kam. Die Engländer waren die Ersten, die den Rhabarber in Europa kultivierten und mit dessen Anbau begannen.

Der Rhabarber ist eine Nutzpflanze aus der Familie der Knöterichgewächse. Er gehört zur Gattung der Rheum und umfasst ca. 40 Arten. Diese unterscheiden sich durch die äußere Stielfarbe, Stieldicke, Wuchslänge und den unterschiedlichen Zeitpunkt des Austriebs.

Insgesamt gibt es drei verschiedene Rhabarbersorten: den grünen Rhabarber mit einer grünen Schale und einem relativ hohen Säuregehalt, der weniger bekömmlich ist als die rotschalige Sorte mit grünem Fruchtfleisch. Die süßeste Variante hat eine rote Schale und rotes Fruchtfleisch.

Eine der bekanntesten Sorten ist das Holsteiner Blut. Die Stängel sind rot und das Fruchtfleisch grün – eine eher etwas säuerliche Sorte, die mit Zucker verfeinert hervorragend schmeckt. Eine Unterart ist das Holsteiner Edelblut mit roter Stielhaut und rotem Fruchtfleisch. Diese Qualität gehört zu den besten und mildesten hierzulande. Eine besonders groß wachsende Sorte ist der Goliath. Die Sorte ist sehr ertragreich und wird bis zu 90 Zentimeter groß.

In den 1950er-Jahren gehörte Rhabarber zur Grundausstattung eines jeden Schrebergartens. Die dekorative Wirkung der großen grünen Blätter mit den roten Stängeln war beileibe nicht der einzige Grund für den Anbau. Rhabarber ist nicht nur gesund, die Blattstiele schmecken zubereitet auch wunderbar erfrischend und lecker.

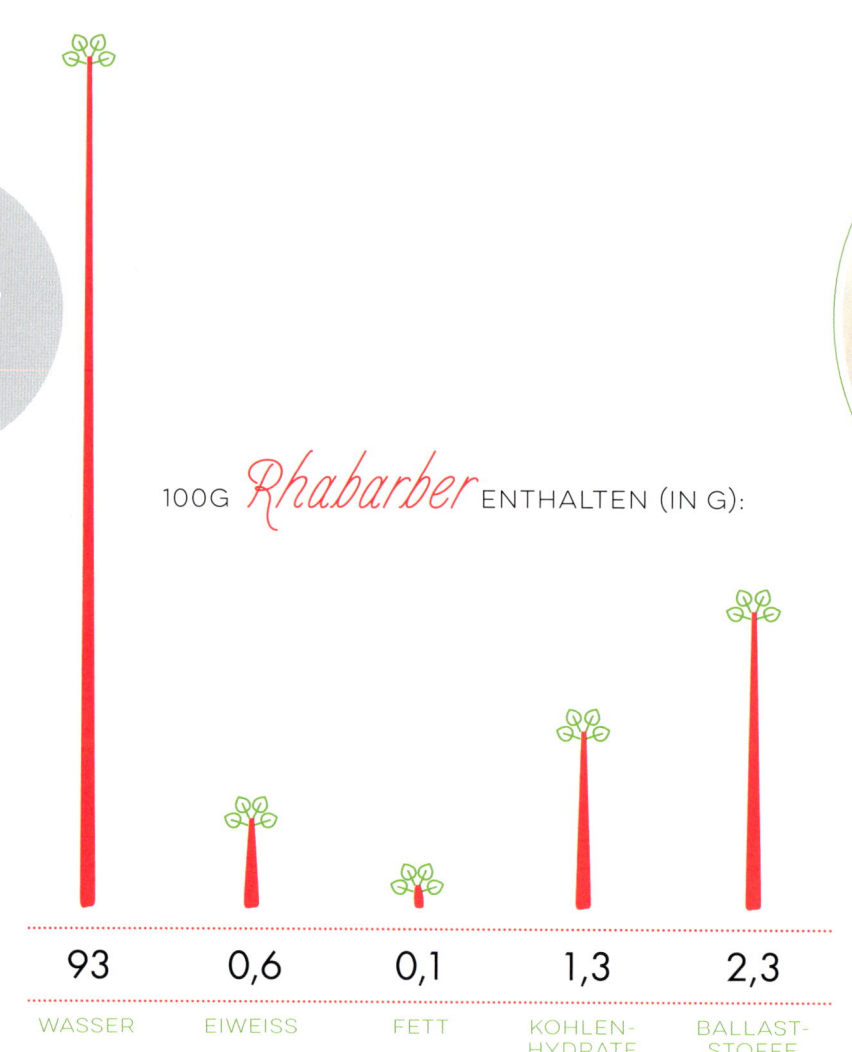

100G *Rhabarber* ENTHALTEN (IN G):

93	0,6	0,1	1,3	2,3
WASSER	EIWEISS	FETT	KOHLEN-HYDRATE	BALLAST-STOFFE

Die ursprüngliche Zubereitung von Rhabarber war auf Kompott beschränkt. Die Monate Mai bis Juli, in denen kein anderes heimisches Obst für die Kompottherstellung zur Verfügung stand, wurden mit den Rhabarberstangen überbrückt.

Das Geheimnis eines guten Rhabarberkompotts liegt in der fast wasserlosen Zubereitung. Durch den hohen Wassergehalt der Stangen ist eine weitere Zugabe von Flüssigkeit nur bedingt nötig. Natürlich hängt es oft von Qualität, Sorte und Alter der Stangen ab. Der ebenfalls hohe Säuregehalt kann mit einer dementsprechenden Zugabe von Zucker ausgeglichen werden.

Die größte Wirkung erzielt der Einsatz von Zucker nach dem Abkühlen des Rhabarbers, weshalb ich empfehle, Rhabarber-Süßspeisen vor dem Servieren noch einmal abzuschmecken.

ANBAU

Um Rhabarber im eigenen Garten zu kultivieren, ist der Herbst die richtige Zeit zum Pflanzen der Stängel. Der oberirdische Teil der Pflanze stirbt bei Frost ab, bevor der Wiederaustrieb im Frühjahr von vorne beginnt. Deshalb ist frischer Rhabarber nur in den frühen Sommermonaten verfügbar und die Zeit dieses köstlichen Begleiters somit auf wenige Monate begrenzt.

Ein nährstoffreicher Boden mit genügend Wasserspeicherkapazität ist von Vorteil zum Anbauen von Rhabarber. Ein vorheriges Düngen mit Kompost in den Sommermonaten schafft dafür gute Voraussetzungen. Zu beachten ist, dass Freiland-Rhabarber erst im zweiten Jahr nach dem Setzen geerntet werden kann.

Die klimatischen Bedingungen für den Rhabarberanbau sind nicht besonders anspruchsvoll. Er benötigt lediglich viel Wasser, da durch die großen Blätter der Pflanze viel Flüssigkeit verdunstet. Mittelschwere, wasserhaltende Böden sind besonders geeignet, wohingegen Staunässe zu vermeiden ist. Bei einer Temperatur von 12–16 °C und einer Luftfeuchtigkeit von 85–90 Prozent treibt Rhabarber besonders gut. Die austreibenden Stängel bekommen erst bei Sonnenlicht ihre schöne Rotfärbung. Lassen Sie der Rhabarberpflanze genügend Raum für die Wachstumsperiode und rechnen Sie ca. einen Quadratmeter pro Pflanze dafür ein.

Die Rhabarbersaison beginnt meist Mitte April oder Anfang Mai und endet offiziell am 24. Juni. Die Stangen werden unten am Stielansatz abgedreht. Für eine erfolgreiche Ernte im darauffolgenden Jahr sollten immer ein paar Stangen stehen bleiben. Diese speichern Reserven und verhelfen den neuen Trieben zu einem kräftigen und gesunden Wachstum. Nach der Ernte können die dekorativen, aber giftigen Rhabarberblätter entsorgt werden. Für sie gibt es keine weitere Verwendung als den Kompost.

Zum Lagern wickeln Sie die Rhabarberstangen in feuchte Küchentücher und bewahren den Rhabarber im Gemüsefach auf. Vorsicht ist bei der Verwendung von Alufolie geboten. Die im Rhabarber enthaltene Oxalsäure reagiert nach kurzer Zeit in Verbindung mit

DIE RHABARBER-
Saison beginnt Mitte April
UND ENDET
OFFIZIELL AM 24. JUNI

dem Silberpapier und oxidiert an der Oberfläche. Durch die ungewollte Oxidation kann sich Aluminium auf das Lebensmittel übertragen und beim Verzehr negative gesundheitliche Folgen haben.

INHALTSSTOFFE

Die Inhaltsstoffe von Rhabarber verteilen sich auf 100 g wie folgt: Zu 93 g besteht der Rhabarber aus Wasser. 1,3 g Kohlenhydrate bestehen aus Glukose, Fructose, Saccharose und Stärke. Kalium, Calcium, Phosphor, Magnesium und Eisen gehören zur Gruppe der Mineralstoffe, wobei Kalium mit 290 mg am meisten enthalten ist. Der Rhabarber verfügt über die Vitamine β-Carotin, B1, B2 und C sowie Niacin. Der Energiewert liegt im mageren Bereich von 14 kcal.

Die Blattstiele sind zudem mit 250–500 mg/100 g besonders reichhaltig an Oxalsäure. Diese wirkt sich negativ auf den Calciumhaushalt im Körper aus, weshalb der Verzehr von Rhabarber für Menschen mit Nieren- oder Gallenleiden sowie für Kinder nur bedingt zu empfehlen ist.

Frühstück

RHABARBER-
Müsli mit
JOGHURT UND HONIG

➤➤→ FÜR 4 PORTIONEN ←◀◀

Rhabarber waschen, putzen und schräg in 1 cm große Stücke schneiden.

Honig, Sanddornsaft und Rhabarber in einer Pfanne erhitzen und 4–5 Minuten bei mittlerer Hitze kochen lassen. Der Rhabarber sollte noch Biss haben.

Den Rhabarber aus der Pfanne nehmen und abkühlen lassen. Jeweils vier Gläser abwechselnd mit der Müsli-Mischung, dem Joghurt und den Rhabarberstücken füllen. Mit Zitronenmelisse garnieren.

TIPP: Verfeinern Sie das Müsli mit anderen Früchten der Saison wie z. B. Himbeeren, Erdbeeren oder Johannisbeeren.

300 g	Rhabarber
2 EL	Honig
2 EL	Sanddornsaft
100 g	Knusperflocken-Mischung
250 g	griechischer Joghurt
4	Zitronenmelissezweige

RHABARBER-
Pfannkuchen

→ FÜR 4 PORTIONEN ←

Das Mehl sieben und mit der Milch verrühren. Eigelbe und Eiweiße trennen. Eigelbe unter die Mehl-Milch-Mischung rühren. Eiweiße und Salz mit dem Handrührgerät steif schlagen und mit einem Schneebesen portionsweise unter den Pfannkuchenteig heben.

Den Rhabarber waschen, putzen und in 0,5 cm große Stücke schneiden.

Den Backofen auf 200 °C vorheizen. In einer gusseisernen Pfanne 1 EL Rapsöl erhitzen. Ein Viertel des Teigs in die Pfanne gießen und den Rhabarber darüber verteilen. Den Pfannkuchen 10 Minuten im Backofen goldgelb backen. Mit den übrigen drei Pfannkuchen gleichermaßen verfahren.

Mit Puderzucker bestreut servieren.

200 g	Mehl
200 ml	Milch
4	Eier
1	Prise Salz
150 g	Rhabarber
4 EL	Rapsöl
3 EL	Puderzucker

RHABARBER-
Fladen
MIT VANILLEQUARK

»—→ FÜR 10–12 FLADEN ←«

Das Mehl in eine Schüssel sieben. Die Butter in Stückchen schneiden und hinzufügen.

Die Milch in einen Topf füllen und leicht erwärmen. Hefe hineinbröseln und Zucker darüberstreuen. Die warme Hefemilch zum Mehl gießen und mit dem Handrührgerät zu einem glatten Teig kneten. 30 Minuten an einem warmen Ort gehen lassen, bis er sein Volumen verdoppelt hat.

Rhabarber waschen, putzen und in dünne Scheiben schneiden. Die Vanilleschote in Längsrichtung halbieren und das Vanillemark mit einem Löffel auskratzen. Quark, Rohrzucker und Vanillemark glatt rühren und beiseitestellen. Den Backofen auf 220 °C vorheizen.

Den Teig erneut kneten und in 10–12 Stücke schneiden. Auf einer bemehlten Arbeitsfläche dünne Fladen von 10 cm Ø ausrollen. Die Fladen auf ein mit Backpapier ausgelegtes Backblech legen und mit den Rhabarberscheiben belegen. 8–10 Minuten auf der mittleren Schiene backen. Die Fladen 2 Minuten vor dem Ende der Backzeit mit Puderzucker bestreuen. Die heißen Fladen mit frischen Minzblättchen und dem Vanillequark servieren.

475 g Mehl zzgl. etwas für die Arbeitsfläche
50 g Butter
275 ml Milch (1,5 % Fett)
½ Würfel frische Hefe
40 g Zucker
350 g Rhabarber
1 Vanilleschote
250 g Quark
30 g Rohrzucker
50 g Puderzucker
4–6 frische Minzzweige

RHABARBER
Bananen–
KONFITÜRE

RHABARBER-
Apfel-
KONFITÜRE

RHABARBER-
Erdbeer-
KONFITÜRE

RHABARBER-*Apfel-* KONFITÜRE

➤➤ FÜR 3 GLÄSER ZU JE 250 ML ◄◄

Rhabarber waschen, putzen und in 2 cm große Stücke schneiden. Die Äpfel waschen, entkernen und in 1 cm große Würfel schneiden. Die Apfelwürfel mit dem Zitronensaft beträufeln.

Rhabarber, Apfelwürfel und Gelierzucker in einen Topf geben und 30 Minuten ziehen lassen. Alles einmal kräftig aufkochen und für 5–10 Minuten sprudelnd kochen lassen. Die heiße Konfitüre in drei saubere Gläser füllen und verschließen.

TIPP: Hausgemachte Konfitüre hält sich ungeöffnet 6 Monate im Vorratskeller.

600 g	Rhabarber
400 g	säuerliche Äpfel (Braeburn)
Saft von **1**	Zitrone
500 g	Gelierzucker (2:1)

RHABARBER-
Erdbeer-
KONFITÜRE

»→ FÜR 3 GLÄSER ZU JE 250 ML ←«

Rhabarber waschen, putzen und in 2 cm große Stücke schneiden. Erdbeeren waschen und das Grün am Stielansatz mit einem Messer abschneiden. Erdbeeren in Viertel schneiden.

Rhabarber, Erdbeeren und Gelierzucker in einen Topf geben und 30 Minuten ziehen lassen.

Die Pfefferkörner mit einem Messer fein hacken und unter die Masse rühren. Die Konfitüre einmal stark aufkochen und für 5–10 Minuten leise kochen lassen. Drei saubere Gläser mit der heißen Konfitüre füllen und sofort verschließen.

500 g	Rhabarber
500 g	Erdbeeren
500 g	Gelierzucker (2:1)
1 TL	eingelegte grüne Pfefferkörner

RHABARBER-
Bananen-
KONFITÜRE

»→ FÜR 3 GLÄSER ZU JE 250 ML ←«

Rhabarber waschen, putzen und in 2 cm große Stücke schneiden. Die Bananen schälen, in Scheiben schneiden und mit dem Limettensaft beträufeln. Die Vanilleschote in Längsrichtung aufschneiden und das Vanillemark auskratzen.

Gelierzucker, Vanillemark und Rhabarber in einen Topf geben und 30 Minuten ziehen lassen. Alles aufkochen und bei schwacher Hitze 15 Minuten leise kochen lassen. Die Bananenscheiben hinzufügen und weitere 5 Minuten kochen. Die heiße Konfitüre in drei saubere Gläser füllen und sofort verschließen.

750 g	Rhabarber
250 g	reife Bananen
Saft von ½	Limette
1	Vanilleschote
375 g	Gelierzucker (2:1)

RHABARBER-
Erdbeer–
QUARK

>>→ FÜR 4 PORTIONEN ←<<

Den Rhabarber waschen, putzen und in 2 cm große Stücke schneiden. 3 EL Rhabarbersaft abnehmen und den Rest mit der Erdbeerkonfitüre in einen Topf füllen und aufkochen lassen. Die Rhabarberstücke zugeben und 4–5 Minuten bei mittlerer Hitze kochen.

Die Maisstärke mit dem beiseitegestellten 3 EL Rhabarbersaft glatt rühren und vorsichtig unter den kochenden Rhabarber rühren. Den Rhabarber in eine Schüssel füllen und abkühlen lassen.

Sahnequark, Puderzucker und Zitronensaft glatt rühren. Quark und Rhabarber in separaten Schüsseln servieren.

500 g	Rhabarber
80 ml	Rhabarbersaft oder Traubensaft
100 g	Erdbeerkonfitüre
1 EL	Maisstärke
450 g	Sahnequark
3 EL	Puderzucker
einige Spritzer	Zitronensaft

RHABARBER-
Cornflakes–
CRUMBLE

➤➤ → FÜR 4 PORTIONEN ← ◄◄

Die Cornflakes in einen Gefrierbeutel füllen und auf der Arbeitsfläche etwas zerdrücken. Mehl, Rohrzucker, zerdrückte Cornflakes, Butter und Salz in einer Schüssel zu einem festen Streuselteig kneten. Den Backofen auf 200 °C vorheizen.

Rhabarber waschen, putzen und schräg in 1,5 cm große Stücke schneiden. Ein Drittel der Rhabarberstücke mit Zucker und Fruchtsaft 10 Minuten weich kochen. Die Vanilleschote aufschneiden, das Vanillemark auskratzen und zufügen.
Den restlichen Rhabarber dazugeben und bei schwacher Hitze 7–8 Minuten kochen lassen.

Den Streuselteig auf ein mit Backpapier ausgelegtes Backblech bröseln und 10 Minuten auf der mittleren Schiene backen.

Mascarpone und Limettensaft mit dem Handrührgerät 5 Minuten schaumig schlagen. Rhabarberkompott und Crumble in Gläsern oder Schüsseln schichten. Die Mascarpone-Limetten-Creme darübergeben und servieren.

50 g	Cornflakes
50 g	Mehl
50 g	Rohrzucker
50 g	weiche Butter
1	Prise Salz
500 g	Rhabarber
80 g	Zucker
2 EL	Fruchtsaft
1	Vanilleschote
350 g	Mascarpone
	Saft von ½ Limette

RHABARBER-
Buttermilch-
STUTEN

➤➤ → FÜR 1 BROT VON CA. 30 CM LÄNGE ← ◄◄

Mehl in eine Schüssel sieben und die Eier zufügen.

Die Sahne lauwarm erhitzen. Die Hefe zerbröseln und in der Sahne auflösen. Hefesahne, Buttermilch, Zitronenabrieb und Zucker zur Mehl-Eier-Mischung geben. Alle Zutaten mit einem Handrührgerät zu einem glatten Teig kneten. 60 Minuten an einem warmen Ort gehen lassen.

Rhabarber waschen, putzen und in 2 cm große Stücke schneiden. Die Rhabarberstücke in den Teig einarbeiten und 10 Minuten gehen lassen.

Eine Kastenform von 30 x 11 cm mit Butter einfetten. Den Teig auf einer bemehlten Arbeitsfläche zu einer Kugel formen und dann länglich ausrollen. In die Form legen und zugedeckt 40 Minuten an einem warmen Ort gehen lassen.

Den Backofen auf 180 °C vorheizen. Die Milch mit dem Eigelb verquirlen und den Teig damit bestreichen. Mit Hagelzucker bestreuen und 60 Minuten goldbraun backen.

500 g Mehl zzgl. etwas für die Arbeitsfläche
3 Eier
50 g Sahne
½ Würfel frische Hefe
200 g Buttermilch
abgeriebene Schale von **1** unbehandelten Zitrone
100 g Zucker
200 g Rhabarber
3 EL Milch
1 Eigelb
30 g Hagelzucker
Butter zum Einfetten

Backen

RHABARBER-
Milchreis-
TARTE

➤➤ → FÜR 1 TARTEFORM VON 30 CM Ø ← ◄◄

Milchreis, 30 g Rohrzucker und Zitronenabrieb mit 280 ml Wasser in einem Topf zum Kochen bringen. Unter ständigem Rühren 20 Minuten leise kochen und anschließend für weitere 10 Minuten quellen lassen. Den Reis abkühlen lassen.

Eine Tarteform mit der Butter einfetten und mit den Semmelbröseln ausstreuen.

Rhabarber waschen, putzen und in 1 cm große Stücke schneiden. Eier und den restlichen Zucker mit dem Handrührgerät auf höchster Stufe für 3 Minuten schaumig schlagen. Den Backofen auf 200 °C vorheizen.

Quark und Milchreis abwechselnd unter die Ei-Zucker-Mischung heben. Die Tarteform mit zwei Dritteln der Masse füllen. Die Rhabarberstücke darauf verteilen und mit der restlichen Masse bedecken. Die Mandeln darüberstreuen und die Tarte für 50–60 Minuten auf der mittleren Schiene backen.

TIPP: Lassen Sie die Tarte nach dem Backen 2 Stunden abkühlen, bevor sie angeschnitten wird.

100 g Milchreis
60 g Rohrzucker
abgeriebene Schale von 1 unbehandelten Zitrone
30 g Butter
3 EL Semmelbrösel
300 g Rhabarber
3 Eier
150 g Quark (20 % Fett)
80 g gehobelte Mandeln

RHABARBER-
Kuchen mit
WEISSER SCHOKOLADE

»→ FÜR 1 SPRINGFORM VON 28 CM ⌀ ←«

Den Backofen auf 180 °C vorheizen. Die weiße Kuvertüre fein hacken. Butter, Zucker und 350 ml Wasser aufkochen, die gehackte Kuvertüre zufügen und schmelzen. Die Masse vom Herd nehmen.

Mehl und Backpulver hineinsieben und verrühren. Die Eier zufügen und alles zu einem Teig vermengen.

Rhabarber waschen, putzen und in 2 cm große Stücke schneiden. Den Rhabarber unter den Teig mischen. Den Teig in eine runde, mit Backpapier ausgelegte Springform von 28 cm ⌀ füllen und auf der mittleren Schiene 60–70 Minuten backen. Den Kuchen aus dem Backofen nehmen und 2 Stunden abkühlen lassen.

TIPP: Dieser saftige Kuchen lässt sich wunderbar portionsweise einfrieren und bei Bedarf auftauen.

200 g	weiße Kuvertüre
250 g	Butter
400 g	Zucker
400 g	Mehl
2 TL	Backpulver
3	Eier
300 g	Rhabarber

RHABARBER-
Kuchen
IM GLAS

»→ FÜR 8 GLÄSER ←«

Den Rhabarber waschen, putzen und in Scheiben schneiden. In einer Schüssel mit dem Vanillezucker verrühren und 10 Minuten ziehen lassen.

Eier, Zucker und Butter mit dem Handrührgerät 4 Minuten schaumig schlagen. Mehl und Backpulver in die Ei-Zucker-Mischung sieben und zu einem glatten Teig verrühren.

Acht feuerfeste Gläser mit Butter einfetten und mit dem Mandelgrieß ausstreuen. Den Backofen auf 180 °C vorheizen. Die Rhabarberscheiben unter den Teig heben und alles in die Gläser füllen. Die Kuchen auf der mittleren Schiene für 30–40 Minuten backen. Mit Puderzucker bestreuen und servieren.

400 g Rhabarber
1 Pck. Vanillezucker
3 Eier
80 g Zucker
120 g Butter zzgl. etwas für die Gläser
180 g Mehl
1 Pck. Backpulver
40 g Mandelgrieß
Puderzucker zum Bestreuen

RHABARBER-
Pie

»→ FÜR 1 FLACHE RUNDE KUCHENFORM VON 28 CM Ø ←«

Das Mehl in eine Schüssel sieben. 100 g Zucker, Salz und in Stücke geschnittene Butter zufügen. Alles zu einem Teig kneten. Das Ei hinzufügen und den Mürbeteig weitere 3 Minuten kneten. Anschließend in Frischhaltefolie wickeln und für 30 Minuten im Kühlschrank ruhen lassen.

Rhabarber waschen, putzen und in 2 cm große Stücke schneiden. Den restlichen Zucker, 5 EL Rhabarbersaft und Rhabarberstücke in einem Topf 3 Minuten aufkochen. Die Maisstärke im restlichen Rhabarbersaft auflösen und den kochenden Rhabarber damit binden.

Eine flache, runde Kuchenform von 28 cm Ø mit Butter einfetten und die Hälfte des Mürbeteigs auf einer bemehlten Arbeitsfläche dünn ausrollen. Die Form mit dem Teig auskleiden. Die Rhabarbermasse auf dem Teig verteilen. Den Backofen auf 180 °C vorheizen.

Den restlichen Teig rund ausrollen und als Deckel auf den Pie legen. Die Ränder zusammendrücken. Den Teig in der Mitte mit einem Messer kreuzförmig einschneiden, damit die Luft beim Backen entweichen kann. Für 45–50 Minuten auf der mittleren Schiene backen, bis er goldgelb ist. Herausnehmen und in der Form auf einem Kuchengitter abkühlen lassen.

TIPP: Servieren Sie den Pie mit einem Klecks geschlagener Sahne oder mit Vanillesauce.

400 g Mehl zzgl. etwas für die Arbeitsfläche	
300 g Zucker	
1 Prise Salz	
230 g kalte Butter zzgl. etwas für die Form	
1 Ei	
800 g Rhabarber	
10 EL Rhabarbersaft	
30 g Maisstärke	

RHABARBER-
Bananen-
MUFFIN

RHABARBER-
Süßkartoffel-
MUFFIN

RHABARBER-
Bananen-
MUFFIN

»→ FÜR 8 MUFFINS ←«

Den Backofen auf 190 °C vorheizen. Butter und Zucker mit dem Handrührgerät auf höchster Stufe 3 Minuten cremig schlagen. Die Eier verquirlen, zur Butter-Zucker-Mischung geben und 1 Minute weiterschlagen.

Die Banane schälen, mit einer Gabel zerdrücken und zum Teig geben. Mit dem Handrührgerät verrühren.

Das Mehl sieben und mit dem Backpulver ebenfalls unter den Teig mischen. Den Rhabarber waschen, putzen, in 1 cm große Stücke schneiden und unter den Teig heben. Mit Salz würzen.

Muffinförmchen in ein Muffinblech stellen und den Teig darauf verteilen. Für 30 Minuten auf der mittleren Schiene backen. Servieren Sie die Muffins am besten noch warm mit einer Kugel Vanilleeis.

100 g	Butter
100 g	Zucker
2	Eier
150 g	reife Banane
140 g	Mehl
1 TL	Backpulver
220 g	Rhabarber
1	Prise Salz

RHABARBER-
Süßkartoffel-
MUFFIN

»→ FÜR 10–12 MUFFINS ←«

Den Backofen auf 200 °C vorheizen. Süßkartoffeln schälen und grob reiben. Rhabarber waschen, putzen und in dünne Scheiben schneiden. Süßkartoffeln und Rhabarber in einer Schüssel mischen.

Eier trennen. Die Eigelbe in die Schüssel geben und mit den Süßkartoffeln und dem Rhabarber vermengen. Die Eiweiße mit ein paar Tropfen kaltem Wasser mit dem Handrührgerät steif schlagen. Mehl und Kichererbsenmehl in die Masse sieben und untermengen. Portionsweise den Eischnee mit einem Küchenspachtel unter den Muffinteig heben. Mit Zucker, Salz und Pfeffer würzen.

Ein Muffinblech dünn mit dem Olivenöl einpinseln. Die Rhabarber-Süßkartoffel-Masse auf dem Muffinblech verteilen und für 30–35 Minuten auf der mittleren Schiene backen.

400 g Süßkartoffeln
200 g Rhabarber
2 Eier
2 EL Mehl
1 EL Kichererbsenmehl
Zucker
Meersalz
frisch gemahlener schwarzer Pfeffer
3 EL Olivenöl für das Blech

RHABARBER-
Cheesecake

»→ FÜR 10–12 STÜCKE ←«

Den Quark in einer Schüssel glatt rühren. Butter, Zucker und die Eier mit einem Handrührgerät cremig rühren und unter den Quark heben. Hartweizengrieß und Backpulver vermischen. Den Backofen auf 180 °C vorheizen.

Den Rhabarber waschen, putzen und in 1 cm große Stücke schneiden. In einer Schüssel mit Rohrzucker und Vanillezucker mischen und 10 Minuten ziehen lassen. Mit Mehl bestäuben und alles behutsam unter die Quarkmasse heben.

Eine Springform von 26cm Ø mit Butter fetten, mit dem Grieß-Backpulver-Gemisch bestäuben und mit dem Teig füllen. Den Kuchen 65–70 Minuten auf mittlerer Schiene backen, herausnehmen und abkühlen lassen.

1 kg Quark (20% Fett)
125 g Butter zzgl. etwas für die Form
300 g Zucker
3 Eier
5 EL Hartweizengrieß
1 Pck. Backpulver
400 g Rhabarber
80 g Rohrzucker
1 Pck. Vanillezucker
Mehl zum Bestäuben

RHABARBER-
Gemüse–
TARTE

»» FÜR 1 TARTEFORM VON 28 CM Ø ««

Das Mehl in eine Schüssel sieben. Die Butter in Stücke schneiden, zufügen und zu einem Teig kneten. Das Ei zufügen und weitere 3 Minuten kneten. Teig in Frischhaltefolie wickeln und 30 Minuten im Kühlschrank ruhen lassen.

Zucchini, Auberginen und Rhabarber waschen, putzen und in 1 cm große Stücke schneiden. Die Zwiebeln schälen und vierteln. Das gesamte Gemüse in kleinen Portionen in einer beschichteten Pfanne in Rapsöl 1 Minute kräftig anbraten. Mit Muskatnuss, Salz und Pfeffer würzen.

Die Gemüsemischung in eine Schüssel füllen. Den Parmesan grob reiben. Den Thymian waschen und die Blättchen abzupfen. Semmelbrösel, Parmesan und Thymian unter das Gemüse heben.

Eine Tarteform von 28 cm Ø mit Butter einfetten und mit Mehl bestäuben. Drei Viertel vom Mürbeteig auf einer bemehlten Arbeitsfläche dünn ausrollen und die Form damit auskleiden. Überschüssigen Teig an den Rändern abschneiden. Den Backofen auf 180 °C vorheizen.

Die Gemüsemischung in der Form verteilen. Restlichen Mürbeteig auf einer bemehlten Arbeitsfläche ausrollen und in 1 cm breite und 28 cm lange Streifen schneiden. Die Streifen gitterförmig auf die Tarte legen und am Rand leicht andrücken. Im Backofen auf mittlerer Schiene 45–50 Minuten backen.

400 g Mehl zzgl. etwas für die Form und die Arbeitsfläche
230 g kalte Butter zzgl. etwas für die Form
1 Ei
200 g Zucchini
200 g Auberginen
200 g Rhabarber
200 g rote Zwiebeln
4 EL Rapsöl
40 g frisch geriebener Parmesan
½ Bund Thymian
50 g Semmelbrösel
frisch geriebene Muskatnuss
Meersalz
frisch gemahlener schwarzer Pfeffer

MOHN-SAVARIN
mit Rhabarbersauce

»→ FÜR 8–10 STÜCKE ←«

Die Eier trennen. Eigelbe, Butter und 45 g Zucker mit einem Handrührgerät schaumig rühren. Mohn und Biskuitbrösel untermengen. Den restlichen Zucker langsam mit den Eiweißen steif schlagen, bis das Eiweiß feste Spitzen zieht. Unter die Mohnmasse heben. Den Backofen auf 180 °C vorheizen.

Den Rhabarber waschen, putzen und in dünne Scheiben schneiden. In einer Schüssel mit dem Rohrzucker bestreuen und 10 Minuten ziehen lassen. Die Rhabarberscheiben in einem Topf 10 Minuten weich kochen und mit einem Stabmixer pürieren. Die Sauce abkühlen lassen.

Die Savarinförmchen mit Butter einfetten und den Teig darin verteilen. Die Savarins 20 Minuten backen, aus dem Backofen nehmen und abkühlen lassen. Die Kuchen aus den Förmchen lösen. Rum und Honig erhitzen und die Küchlein damit beträufeln. Mit der Rhabarbersauce servieren.

3 Eier
85 g Butter zzgl. etwas für die Förmchen
90 g Zucker
75 g Mohn
75 g Biskuitbrösel
400 g Rhabarber
50 g Rohrzucker
40 ml Rum
1 EL Honig

RHABARBER-
Apfel-Zimt-
KUCHEN

⇒ FÜR 1 BLECH ⇐

300 g Mehl in eine Schüssel sieben und mit dem Backpulver und 100 g Zucker mischen. Quark, Milch und Öl zufügen und mit einem Handrührgerät zu einem Teig kneten. Den Teig auf einer bemehlten Arbeitsfläche ausrollen und auf ein mit Backpapier ausgelegtes Backblech legen.

Die Äpfel und den Rhabarber waschen und putzen. Die Äpfel in Spalten und den Rhabarber in 5 cm lange Stücke schneiden. Den Teig mit den Apfelspalten und Rhabarberstücken belegen. Den Backofen auf 180 °C vorheizen.

Das restliche Mehl, Zimt, Butter und den restlichen Zucker mit dem Handrührgerät zu Streuseln verarbeiten und den Kuchen damit belegen. 40–45 Minuten auf mittlerer Schiene backen.

500 g	Mehl zzgl. etwas für die Arbeitsfläche
1 Pck.	Backpulver
200 g	Zucker
130 g	Magerquark
100 ml	Milch (3,5 %)
100 ml	Rapsöl
500 g	Äpfel (Elstar)
500 g	Rhabarber
¼ TL	Zimt
125 g	Butter

Salate und Suppen

RHABARBER-
Spargel-Salat
MIT HIMBEERVINAIGRETTE

≫→ FÜR 4 PORTIONEN ←≪

Den Rhabarber waschen, putzen und in 5 cm lange Stifte schneiden. Den Spargel schälen, die holzigen Enden abschneiden und die Spargelstangen mit Salz und Zucker bissfest kochen. In kaltem Wasser abschrecken und schräg in 3–4 cm große Stücke schneiden.

Das Rapsöl in einer beschichteten Pfanne erhitzen und die Rhabarberstifte 1 Minute stark anbraten. Mit Rohrzucker bestreuen und karamellisieren. Aus der Pfanne nehmen und abkühlen lassen.

Den Schnittlauch waschen und in Röllchen schneiden. Die Himbeeren abbrausen und auf Küchenpapier abtropfen lassen. Olivenöl, Essig und Senf in einer Schüssel verrühren und mit Zucker, Meersalz und Pfeffer würzen.

Spargel, Rhabarber und Himbeeren mischen, mit der Vinaigrette marinieren und mit den Schnittlauchröllchen bestreut servieren.

500 g	Rhabarber
500 g	grüner Spargel
2 EL	Rapsöl
2 EL	Rohrzucker
½ Bund	Schnittlauch
250 g	Himbeeren
4 EL	Olivenöl
3 EL	Himbeeressig
½ TL	Senf
Zucker	
Meersalz	
frisch gemahlener schwarzer Pfeffer	

RHABARBER-
Mozzarella-
SALAT

» → FÜR 4 PORTIONEN ← «

Den Rhabarber waschen, putzen und in 2 cm große Stücke schneiden. Die Erdbeeren waschen, den Stielansatz abschneiden und die Früchte halbieren.

Den Mozzarella in Würfel von 1 cm Kantenlänge schneiden. Honig in einer Pfanne erhitzen und den Rhabarber 3–4 Minuten darin dünsten. Die Rhabarberstücke in einer Schüssel abkühlen lassen.

Olivenöl und Essig mit einem Schneebesen verquirlen und mit Salz und Pfeffer würzen. Die Blattsalate waschen und trocken schleudern.

Erdbeeren, Rhabarber und Mozzarella in einer Schüssel mischen. Mit der Vinaigrette marinieren und mit Basilikum garnieren. Zusammen mit den Blattsalaten anrichten.

500 g	Rhabarber
250 g	Erdbeeren
400 g	Büffel-Mozzarella
2 EL	Honig
5 EL	Olivenöl
3 EL	Balsamicoessig
50 g	gemischter Blattsalat
4	Basilikumzweige
Meersalz	
frisch gemahlener schwarzer Pfeffer	

RHABARBER-
Rote-Bete-Salat
MIT KÜRBISKERNÖL

»» → FÜR 4 PORTIONEN ← «

Den Rhabarber waschen, putzen und in 4 cm lange Stifte schneiden. Die Rote Bete in Würfel von 2 cm Kantenlänge schneiden.

Das Rapsöl in einer beschichteten Pfanne erhitzen und die Rhabarberstifte darin 1 Minute stark anbraten. Mit dem Zucker bestreuen und 1 Minute karamellisieren. Die Rhabarberstifte aus der Pfanne nehmen und abkühlen lassen.

Die Gartenkresse mit einer Schere abschneiden. Die Rote-Bete-Würfel und Rhabarberstifte mischen und mit Essig und Kürbiskernöl marinieren. Mit Salz und Pfeffer würzen.

Den Salat in Schüsseln anrichten und mit Gartenkresse und Kürbiskernen servieren.

300 g	Rhabarber
200 g	gekochte Rote Bete
1 EL	Rapsöl
1 EL	Zucker
1 Pck.	Gartenkresse
1 EL	Balsamicoessig
3 EL	Kürbiskernöl
20 g	Kürbiskerne
	Meersalz
	frisch gemahlener schwarzer Pfeffer

Eisberg-Cocktail mit RHABARBER UND GARNELEN

»» → FÜR 4 PORTIONEN ← ««

Den Eisbergsalat waschen und trocken schleudern. Die Blätter in feine Streifen schneiden. Den Rhabarber waschen, putzen und in Scheiben schneiden.

Das Rapsöl in einer beschichteten Pfanne erhitzen und die Rhabarberscheiben darin stark anbraten. Nach 1 Minute den Zucker zufügen und karamellisieren. Den Rhabarber aus der Pfanne nehmen und abkühlen lassen.

Den Schmand mit Zitronensaft und Honig verrühren. Mit Salz und Pfeffer würzen. Eisbergsalatstreifen und Rhabarberscheiben mischen und mit der Honig-Zitronensaft-Schmand-Mischung marinieren. Die gekochten Garnelen unterheben und den Cocktail mit ein paar Minzblättern garnieren. In Gläsern servieren.

½ Kopf Eisbergsalat
200 g Rhabarber
1 EL Rapsöl
1 EL Zucker
200 g Schmand
Saft von ½ Zitrone
2 EL Honig
80 g gekochte Garnelen
4 Minzzweige
Meersalz
frisch gemahlener schwarzer Pfeffer

RHABARBER-
Paprika-
SALAT

→→ FÜR 4 PORTIONEN ←←

Den Rhabarber waschen, putzen und der Länge nach halbieren. Die Stangen in 3 cm lange Stifte schneiden. 2 EL Rapsöl in einer beschichteten Pfanne erhitzen und den Rhabarber darin 2 Minuten scharf anbraten. Mit dem Rohrzucker bestreuen und 1 Minute karamellisieren. Die Rhabarberstifte aus der Pfanne nehmen und abkühlen lassen. Den Backofen auf 200 °C vorheizen.

Die Paprika waschen, halbieren und entkernen. Mit der Hautseite nach oben auf ein mit Backpapier ausgelegtes Backblech legen und mit dem restlichen Rapsöl beträufeln. 7–8 Minuten backen, bis die Haut schwarze Blasen wirft. Die Paprika aus dem Backofen nehmen und in einen Gefrierbeutel geben. 4–5 Minuten abkühlen lassen. Mit den Händen vorsichtig die Haut ablösen und die Paprikahälften in grobe Stücke schneiden.

Die Pinienkerne in einer beschichteten Pfanne ohne Fett goldbraun rösten. Essig mit Senf mischen und das Olivenöl zugeben. Die Vinaigrette mit Honig, Salz und Pfeffer würzen. Den Rhabarber mit den Paprikastücken mischen und mit der Vinaigrette marinieren. Den Salat in Schüsseln, mit Pinienkernen und Basilikumblättchen bestreut, servieren.

500 g	Rhabarber
4 EL	Rapsöl
2 EL	Rohrzucker
400 g	rote, grüne und gelbe Paprika
30 g	Pinienkerne
3 EL	Rotweinessig
½ TL	Senf
5 EL	Olivenöl
1 TL	Honig
4	Basilikumzweige
Meersalz	
frisch gemahlener schwarzer Pfeffer	

RHABARBER-
Feigen–Salat mit
SÜSSEM SENF

Den Rhabarber waschen, putzen und in 4 cm lange Stifte schneiden. Das Olivenöl in einer Pfanne erhitzen und die Stifte darin 2 Minuten stark anbraten. Den Rhabarber mit Zucker bestreuen und 1 Minute karamellisieren. Mit dem Himbeeressig ablöschen und aus der Pfanne nehmen.

Die Feigen waschen und in Viertel schneiden. Den Rucola waschen und trocken schleudern. Essig mit Senf in einer Schüssel mischen und das Rapsöl hineinrühren. Die Vinaigrette mit Salz und Pfeffer würzen.

Rucola, Rhabarber und Feigen auf Tellern anrichten. Alles mit der Vinaigrette beträufeln und mit frisch gehobeltem Parmesan bestreut servieren.

600 g	Rhabarber
2 EL	Olivenöl
2 EL	Zucker
3 EL	Himbeeressig
4	Feigen
50 g	Rucola
2 EL	Weißweinessig
1 EL	süßer Senf
4 EL	Rapsöl
30 g	Parmesan
	Meersalz
	frisch gemahlener Pfeffer

Wildkräutersalat mit

RHABARBER,
GURKE UND LACHS

Feldsalat mit Speck und
RHABARBER-
CHUTNEY

Wildkräutersalat mit

RHABARBER,

GURKE UND LACHS

»» FÜR 4 PORTIONEN ««

Den Salat waschen, trocken schleudern und in den Kühlschrank stellen. Den Rhabarber waschen, putzen und in 2 cm große Stücke schneiden. Die Gurke schälen und in Scheiben schneiden. Die Radieschen waschen und mit einem Hobel in dünne Scheiben hobeln. Die Frühlingszwiebeln waschen, putzen und in Ringe schneiden.

Den Rhabarber in einer beschichteten Pfanne im Rapsöl 2 Minuten kräftig anbraten und mit dem Zucker bestreuen. 1 Minute lang karamellisieren und aus der Pfanne nehmen.

Den Räucherlachs in Streifen schneiden. Essig und Öl mixen. Den Salat zusammen mit Lachs, Rhabarber, Gurke, Zwiebelringen und Radieschen auf Tellern anrichten und mit der Vinaigrette beträufelt serviert.

200 g	Wildkräutersalat
250 g	Rhabarber
150 g	Schlangengurke
60 g	Radieschen
2	Frühlingszwiebeln
2 EL	Rapsöl
1 EL	Zucker
200 g	Räucherlachs
3 EL	Sherry-Essig
5 EL	Olivenöl

Feldsalat mit Speck und RHABARBER-CHUTNEY

»» → FÜR 4 PORTIONEN ← ««

Den Feldsalat waschen, putzen und trocken schleudern. Den Speck würfeln und in einer Pfanne ohne Fett 2 Minuten auslassen. Die Zwiebeln schälen, würfeln und zum Speck zufügen. 3 Minuten mitbraten.

Essig, Senf und Öl in einer Schüssel mit dem Schneebesen mixen. Die Speck-Zwiebel-Mischung in die Vinaigrette geben und verrühren.

Rhabarber waschen, putzen und in kleine Würfel schneiden. Schalotten schälen und fein würfeln. Rhabarber in einer Schüssel mit dem Rohrzucker bestreuen und 10 Minuten ziehen lassen.

Das Rapsöl in einem Topf erhitzen. Currypulver hineinstreuen und 1 Minute dünsten, bis es duftet. Die Hälfte der Rhabarberwürfel sowie die Schalottenwürfel zufügen und 5 Minuten weich kochen. Den restlichen Rhabarber zufügen und 2 Minuten bissfest mitkochen. Die Speisestärke im Rhabarbersaft auflösen und das kochende Chutney damit binden. Das Chutney mit Salz und Pfeffer würzen.

Den Feldsalat mit der Speck-Zwiebel-Vinaigrette marinieren und mit dem Rhabarber-Chutney servieren.

250 g	Feldsalat
50 g	Speck
100 g	Zwiebeln
3 EL	Rotweinessig
1 TL	Senf
5 EL	Olivenöl
400 g	Rhabarber
80 g	Schalotten
2 EL	Rohrzucker
2 EL	Rapsöl
½ TL	Currypulver
1 TL	Speisestärke
2 EL	Rhabarbersaft
	Meersalz
	frisch gemahlener schwarzer Pfeffer

RHABARBER-
Kirsch–Suppe
MIT TONKABOHNE

➤➤→ FÜR 4 PORTIONEN ←◄◄

Den Rhabarber waschen, putzen und in Scheiben schneiden. Die Kirschen waschen, halbieren und entsteinen. Die Schalotten schälen und in feine Würfel schneiden.

Das Öl in einem Topf erhitzen. Schalottenwürfel darin 2 Minuten glasig dünsten. Rhabarber und zwei Drittel der Kirschen zufügen. 3 Minuten dünsten. Den Topf mit Gemüsebrühe und Kokosmilch auffüllen und alles 5 Minuten leise kochen lassen. Die Suppe mit dem Stabmixer pürieren. Mit Tonkabohne, Salz und Pfeffer würzen. Die Suppe für 2 Stunden kalt stellen.

Zum Servieren die restlichen Kirschen in die Suppe geben und eiskalt servieren.

200 g	Rhabarber
250 g	süße Kirschen
80 g	Schalotten
2 EL	Erdnussöl
150 ml	Gemüsebrühe
200 ml	Kokosmilch
¼	Tonkabohne, gerieben
Meersalz	
frisch gemahlener schwarzer Pfeffer	

➤➤ Hauptgänge ◀◀

Maishähnchenbrust
MIT GEBRATENEM
RHABARBER

>→ FÜR 4 PORTIONEN ←«

Die Kartoffeln waschen und in dünne Scheiben schneiden. Den Speck würfeln und in einer gusseisernen Pfanne ohne Fett 3 Minuten bei schwacher Hitze auslassen. Die Schalotten schälen, fein würfeln und zum Speck geben. 4 Minuten mitdünsten.

Die Speck-Schalotten-Mischung aus der Pfanne nehmen und die Kartoffelscheiben in 2 EL Öl darin von jeder Seite 4–5 Minuten goldbraun braten. Die Speck-Schalotten-Mischung erneut zufügen. Den Schnittlauch in feine Röllchen schneiden und die Bratkartoffeln damit bestreuen.

Die Maishähnchenbrüste von allen Sehnen befreien und mit Salz würzen. 2 EL Öl in einer Gusspfanne erhitzen und die Hähnchenbrüste auf einer Seite bei mittlerer Hitze 7–8 Minuten braten.

Den Rhabarber waschen, putzen und in 4 cm große Stücke schneiden. In die Pfanne zu den Maishähnchen geben. Diese wenden und 5 Minuten weiterbraten. Mit Salz und Pfeffer würzen. Rhabarber, Maishähnchen und Bratkartoffeln auf vorgewärmten Tellern anrichten. Den Bratensatz mit der Geflügelbrühe und Sojasauce ablöschen. 2 Minuten einkochen lassen und dann zum Essen reichen.

300 g	Kartoffeln (Drillinge)
50 g	Speck
50 g	Schalotten
4 EL	Rapsöl
½ Bund	Schnittlauch
4	Maishähnchenbrüste (à 180 g)
600 g	Rhabarber
2 EL	Semmelbrösel
100 ml	Geflügelbrühe
1 EL	Sojasauce
	Meersalz
	frisch gemahlener Pfeffer

Geräucherte Forelle
MIT SCHUPFNUDELN
UND RHABARBERVINAIGRETTE

➤➤ FÜR 4 PORTIONEN ◄◄

Die Kartoffeln schälen und in Salzwasser weich kochen, das Wasser abgießen und die Kartoffeln auf dem Herd 5 Minuten ausdampfen. Durch eine Kartoffelpresse drücken. Kartoffelmehl, Grieß, Ei, Muskatnuss und Pfeffer zufügen und zu einem glatten Teig kneten. Aus dem Teig auf einer mit Kartoffelmehl bestäubten Arbeitsfläche etwa 3 cm lange Stücke rollen.

Die Schupfnudeln in kochendem Salzwasser garen, bis sie nach oben steigen. Mit einer Schöpfkelle herausholen und gut abtropfen lassen.

Die Forellenfilets in 4 cm lange Stücke schneiden. Den Rhabarber waschen, putzen und in Würfel schneiden. Die Würfel in 1 EL Olivenöl anbraten und mit dem Zucker bestreuen. Den Essig mit dem restlichen Olivenöl verquirlen. Die gebratenen Rhabarberwürfel zufügen und mit Salz und Pfeffer abschmecken.

Die Schupfnudeln in Rapsöl und Butter braten und mit Meersalz würzen. Schupfnudeln und Forellenfilets mit der Vinaigrette beträufelt servieren.

250 g	mehligkochende Kartoffeln
2 EL	Kartoffelmehl zzgl. etwas für die Arbeitsfläche
2 EL	Hartweizengrieß
1	Ei
4	geräucherte Forellenfilets ohne Haut
200 g	Rhabarber
5 EL	Olivenöl
1 TL	Zucker
3 EL	Weißweinessig
2 EL	Rapsöl
10 g	Butter
	Meersalz
	frisch geriebene Muskatnuss
	frisch gemahlener schwarzer Pfeffer

GEBACKENES
Kräuterhähnchen mit
RHABARBER

➤➤ FÜR 4 PORTIONEN ◄◄

Das Masthähnchen unter kaltem Wasser abspülen und trocken tupfen. Meersalz, Paprikapulver und Sahne in einer Schüssel verrühren. Die Knoblauchzehen pellen und fein schneiden. Die Kräuter waschen, trocken schleudern und zupfen. Die Zitrone heiß abwaschen und in Scheiben schneiden. Zitronenscheiben in einer Schüssel mit Knoblauch und Kräutern mischen. Das Masthähnchen damit füllen und von außen mit der Paprikasahne bestreichen.

Den Backofen auf 170 °C vorheizen. Den Rhabarber waschen, putzen und in 6 cm große Stücke schneiden. Mit dem Olivenöl und dem Zucker marinieren.

Das Masthähnchen 70 Minuten auf mittlerer Schiene backen. Nach 55 Minuten den Rhabarber zufügen und die restliche Zeit mitbacken. Das Masthähnchen mit Pfeffer würzen und mit dem Rhabarber servieren.

TIPP: Als Beilage schmecken Rosmarinkartoffeln.

1 Masthähnchen (1200–1400 g)
1 TL Meersalz
½ TL Paprikapulver
50 g Sahne
2 Knoblauchzehen
4 Rosmarinzweige
4 Thymianzweige
1 unbehandelte Zitrone
500 g Rhabarber
2 EL Olivenöl
2 TL Rohrzucker
frisch gemahlener schwarzer Pfeffer

Lammkoteletts mit
RHABARBER-CHUTNEY
UND POLENTA

Entenbrust mit
RHABARBER
UND PFEFFERJUS

Lammkoteletts mit
RHABARBER-
CHUTNEY

→→ FÜR 4 PORTIONEN ←←

Die Lammkoteletts in einer Schüssel mit Salz und Pfeffer würzen. Drei Knoblauchzehen schälen und dünn schneiden. Den Rosmarin waschen, trocken schütteln und abzupfen. 2 EL Olivenöl, Knoblauch und Rosmarin zu den Lammkoteletts geben, alles vermischen und 60 Minuten marinieren.

Den Rhabarber waschen, putzen und in 1 cm große Stücke schneiden. Die Zwiebeln schälen, fein würfeln und in Rapsöl glasig anschwitzen. Zucker zufügen und 1 Minute karamellisieren. Mit dem Rotwein ablöschen und die Flüssigkeit 5 Minuten einkochen. Den Rhabarber zufügen und weitere 3 Minuten kochen lassen. Das Chutney mit Salz und Pfeffer würzen.

Die restliche Knoblauchzehe schälen und andrücken. Mit Milch und 300 ml Wasser aufkochen. Knoblauch entfernen, Polenta einrühren und 1 Minute unter Rühren kochen. 2 EL Olivenöl und Parmesan zufügen und 10 Minuten bei schwacher Hitze leise kochen. Dabei immer wieder umrühren.

Die Lammkoteletts im restlichen Olivenöl von jeder Seite 3 Minuten kräftig braten. Mit der Polenta und dem Chutney servieren.

16 Lammkoteletts
4 Knoblauchzehen
3 Rosmarinzweige
6 EL Olivenöl
400 g Rhabarber
200 g Zwiebeln
1 EL Rapsöl
4 EL Zucker
200 ml Rotwein
300 ml Milch
70 g Polenta
2 EL geriebener Parmesan
Meersalz
frisch gemahlener schwarzer Pfeffer

Entenbrust mit
RHABARBER
UND PFEFFERJUS

Die Entenbrüste mit einem scharfen Messer von überschüssigem Fett und Sehnen befreien, mit Meersalz würzen. Die Entenbrüste mit der Hautseite nach unten in einer beschichteten Pfanne ohne Fett bei mittlerer Hitze 5–7 Minuten braten, bis die Haut goldbraun und kross ist. Den Backofen auf 150 °C vorheizen.

Die Entenbrüste wenden und 2 Minuten bei starker Hitze anbraten. Das Fleisch aus der Pfanne nehmen. Die Hautseite mit Honig einstreichen und im Backofen 10 Minuten ziehen lassen.

Das Tomatenmark in die Pfanne geben und 3 Minuten kräftig anbraten. Den Bratensatz mit dem Entenfond ablöschen und einmal aufkochen. Kakaopulver und Sojasauce zufügen. 1 Minute kochen und mit Salz und Pfeffer würzen.

Den Rhabarber waschen, putzen und in 2 cm große Stücke schneiden. Mit Rapsöl in einer Pfanne 2 Minuten anbraten. Zucker und Zimt zufügen und weitere 5 Minuten braten. Mit Salz und Pfeffer würzen.

Die Entenbrüste in dünne Scheiben schneiden und auf dem Rhabarber mit der Pfefferjus servieren.

TIPP: Als Beilage passt gekochter Reis.

4 weibliche Entenbrüste
2 TL Honig
1 TL Tomatenmark
200 ml Entenfond
½ TL ungesüßtes Kakaopulver
1 EL Sojasauce
400 g Rhabarber
1 EL Rapsöl
1 EL Zucker
1 Msp. Zimt
Meersalz
frisch gemahlener schwarzer Pfeffer

Kalbsfilet auf
RHABARBER-
MÖHREN-GEMÜSE

➤➤ FÜR 4 PORTIONEN ◄ ◄◄

Das Kalbsfilet mit einem Messer von den Sehnen und Silberhäutchen befreien. In vier gleich große Medaillons schneiden und mit Salz und Pfeffer würzen.

Den Rhabarber waschen, putzen und in 1 cm große Scheiben schneiden. Die Möhren schälen und in Scheiben schneiden. Die Schalotten schälen und fein würfeln. 2 EL Olivenöl in einem Topf erhitzen und die Möhrenscheiben mit den Schalotten 2 Minuten anschwitzen. Zucker zufügen und alles mit Salz und Pfeffer würzen. Mit der Gemüsebrühe auffüllen und 10 Minuten leise kochen. Den Rhabarber zufügen und 5 Minuten mitkochen.

Die Kartoffeln schälen und in Salzwasser weich kochen. Den Backofen auf 160 °C vorheizen. Thymian waschen und trocken schütteln. Die Blättchen abzupfen und zu den Kartoffeln geben. Die Kalbsfilet-Medaillons in dem restlichen Olivenöl von jeder Seite 3 Minuten scharf anbraten und 5–7 Minuten im Backofen ziehen lassen. Kalbsfilets mit Rhabarber-Möhren-Gemüse und Thymian-Kartoffeln servieren.

800 g	Kalbsfilet
200 g	Rhabarber
500 g	junge Möhren
2	Schalotten
4 EL	Olivenöl
1 EL	Zucker
200 ml	Gemüsebrühe
300 g	Kartoffeln
3	Thymianzweige
	Meersalz
	frisch gemahlener Pfeffer

Rindergulasch mit KAKAO UND RHABARBER

»» → FÜR 4 PORTIONEN ← ««

Gulasch mit Salz würzen. Die Zwiebeln schälen und in grobe Würfel schneiden. Den Knoblauch pellen und in feine Scheiben schneiden. Das Rapsöl in einem Topf erhitzen und das Rindergulasch scharf darin anbraten. Nach 5 Minuten Zwiebeln und Knoblauch zufügen und 3 Minuten mitbraten.

Das Tomatenmark unter die Fleisch-Zwiebel-Mischung geben und bei starker Hitze unter ständigem Rühren 3 Minuten braten. Mit Paprikapulver bestreuen und mit Rotwein auffüllen. Den Rotwein auf die Hälfte einkochen. Rinderbrühe zugießen und alles bei mittlerer Hitze 70–90 Minuten leise kochen.

In der Zwischenzeit den Rhabarber waschen, putzen und in 3 cm große Stücke schneiden. Butter in einer beschichteten Pfanne schmelzen und den Rhabarber in die Pfanne geben und mit Zucker bestreuen. 1 Minute bei starker Hitze unter Rühren karamellisieren. Den Rhabarber in eine Schüssel füllen und beiseitestellen.

Das Kakaopulver zum Gulasch geben. Mit Salz und Pfeffer würzen. Zum Servieren den karamellisierten Rhabarber unter das Rindergulasch heben, einmal aufkochen und heiß genießen.

1,2 kg	durchwachsenes Rindergulasch
500 g	rote Zwiebeln
2	Knoblauchzehen
2 EL	Rapsöl
2 EL	Tomatenmark
1 TL	süßes Paprikapulver
400 ml	trockener Rotwein
800 ml	Rinderbrühe
400 g	Rhabarber
1 EL	Butter
2 EL	Zucker
½ EL	Kakaopulver
	Meersalz
	frisch gemahlener schwarzer Pfeffer

Kalbsleber mit
APFEL UND
RHABARBER

»→ FÜR 4 PORTIONEN ←«

Den Feldsalat waschen, putzen und trocken schleudern. Olivenöl, Essig, Senf und Kalbsbrühe in einer Schüssel mit dem Schneebesen kräftig mixen. Die Vinaigrette mit Salz und Pfeffer würzen.

Die Kalbsleber putzen und mit Salz und Pfeffer würzen. Leicht in Mehl wenden und beiseitestellen. Apfel und Rhabarber waschen. Den Apfel entkernen und in Spalten schneiden. Die Rhabarberstangen in 3 cm große Stücke schneiden. 2 EL Rapsöl in einer beschichteten Pfanne erhitzen und die Kalbsleber von jeder Seite 3 Minuten braten. Aus der Pfanne nehmen und im Ofen warm halten.

Die Apfelspalten und Rhabarberstücke in die Pfanne mit dem Bratensatz geben. Butter und Honig zufügen und 3 Minuten bei mittlerer Hitze braten. Mit dem Portwein ablöschen.

Den Salat in einer Schüssel mit der Vinaigrette marinieren und zusammen mit der Leber, Apfelspalten und Rhabarber auf Tellern servieren.

250 g	Feldsalat
3 EL	Olivenöl
3 EL	Rotweinessig
1 TL	süßer Senf
2 EL	Kalbsbrühe
500 g	Kalbsleber
200 g	Apfel
200 g	Rhabarber
2 EL	Rapsöl
1 TL	Butter
1 TL	Honig
50 ml	roter Portwein
	Meersalz
	frisch gemahlener schwarzer Pfeffer
	Mehl zum Wenden

RHABARBER-
Risotto
MIT THUNFISCH

»—» FÜR 4 PORTIONEN ←-«

Den Rhabarber waschen, putzen und in 3 cm große Stücke schneiden. In 2 EL Olivenöl dünsten und mit Zucker bestreuen. Den Zucker ca. 1 Minute karamellisieren und den Topf beiseitestellen.

Die Schalotten schälen, fein würfeln und in Butter glasig dünsten. Risottoreis zufügen und bei schwacher Hitze 3 Minuten mitdünsten. Ein Drittel der Brühe zugießen und leise kochen lassen, bis der Reis die Flüssigkeit aufgesogen hat. Die Brühe nach und nach zugießen und immer wieder umrühren. Nach 25–30 Minuten den karamellisierten Rhabarber zufügen und das Risotto 5 Minuten ziehen lassen.

Den Thunfisch salzen und im restlichen Olivenöl von jeder Seite in einer beschichteten Pfanne anbraten.

Den Parmesan fein reiben und unter das Risotto mischen. Mit Zitronensaft und -abrieb sowie Pfeffer würzen. Das Risotto mit den Thunfischsteaks servieren.

500 g	Rhabarber
3 EL	Olivenöl
1 EL	Zucker
2	Schalotten
30 g	Butter
200 g	Risottoreis
750 ml	Gemüsebrühe
600 g	Thunfischsteaks
40 g	frisch geriebener Parmesan
Saft und Abrieb von ½	unbehandelten Zitrone
Meersalz	
frisch gemahlener schwarzer Pfeffer	

Krosser Zander auf
RHABARBER-
COUSCOUS

Schweinefilet mit
RHABARBER
UND ANANAS

Krosser Zander auf RHABARBER- COUSCOUS

➤➤→ FÜR 4 PORTIONEN ←←«

Das Zanderfilet waschen und trocken tupfen. Mit einem scharfen Messer die Bauchlappen abschneiden. Mit einer Pinzette die Gräten ziehen. Filets mit Salz und Zitronensaft würzen und beiseitestellen.

Die Butter in einem Topf erhitzen und das Currypulver zufügen. 1 Minute braten, bis der Curry duftet. Die Gemüsebrühe hinzugießen und aufkochen. Den Couscous zufügen und bei schwacher Hitze 5 Minuten quellen lassen.

Den Rhabarber waschen, putzen und in Würfel schneiden. Zum Couscous geben und untermengen. Mit Salz und Pfeffer würzen.

Die Filets in Mehl wenden und in Rapsöl von jeder Seite 2–3 Minuten braten. Die Minzzweige waschen, trocken schütteln und die Blätter abzupfen. Zander zusammen mit dem Couscous und mit den Minzblättern garniert servieren.

700 g Zanderfilet
Saft von ½ Zitrone
10 g Butter
1 TL Currypulver
600 ml Gemüsebrühe
240 g Instant-Couscous
100 g Rhabarber
2 EL Rapsöl
4 Minzzweige
Meersalz
frisch gemahlener schwarzer Pfeffer
Mehl zum Wenden

Schweinefilet mit
RHABARBER
UND ANANAS

>→ FÜR 4 PORTIONEN ←«

Den Ofen auf 140 °C vorheizen. Das Schweinefilet in 2 cm dicke Medaillons schneiden und mit Salz und Pfeffer würzen. 2 EL Rapsöl in einer Pfanne erhitzen und die Medaillons von jeder Seite 2 Minuten scharf anbraten. Aus der Pfanne nehmen und im Ofen 7–8 Minuten ziehen lassen.

Den Rhabarber waschen, putzen und in 3 cm große Stücke schneiden. Die Ananas schälen und in Viertel schneiden. Den Strunk herausschneiden und die Viertel in 1 cm große Stücke schneiden.

Ananas und Rhabarber in der Pfanne mit dem Bratensatz im restlichen Rapsöl 3–4 Minuten braten. Die Basilikumzweige waschen, trocknen und die Blätter in Streifen schneiden. Den Ahornsirup in die Pfanne gießen und Ananas und Rhabarber damit karamellisieren. Mit Salz und Pfeffer würzen. Die Basilikumstreifen untermengen. Das Schweinefilet mit Ananas und Rhabarber servieren.

800 g	Schweinefilet
3 EL	Rapsöl
300 g	Rhabarber
500 g	frische Ananas
2	Basilikumzweige
1 EL	Ahornsirup
Meersalz	
frisch gemahlener schwarzer Pfeffer	

Schweinebraten mit RHABARBER-KARTOFFELKNÖDELN

FÜR 4 PORTIONEN

Den Schweinebraten mit einem Messer von Sehnen befreien und mit Salz und Pfeffer würzen. Das Rapsöl in einem Bräter erhitzen und den Braten von jeder Seite 3–4 Minuten bei starker Hitze anbraten. Den Ofen auf 160 °C vorheizen.

Karotten, Sellerie und Zwiebeln schälen und in Würfel schneiden. Das Gemüse in den Bräter geben und 5 Minuten mitbraten. Das Tomatenmark zufügen, verrühren und weitere 3 Minuten braten. Den Bräter mit der Kalbsbrühe auffüllen und in den Ofen schieben. 90 Minuten im Ofen backen.

Den Rhabarber waschen, putzen und in kleine Würfel schneiden. Die Butter in einer Pfanne erhitzen und die Rhabarberwürfel darin kräftig anbraten. Mit Zucker bestreuen und abkühlen lassen. Die Kartoffeln schälen und in Salzwasser bei mittlerer Hitze 30–35 Minuten kochen. Das Wasser abgießen und die Kartoffeln auf der Herdplatte bei schwacher Hitze ausdampfen lassen. Durch eine Kartoffelpresse drücken und auskühlen lassen. Mit Salz und Muskatnuss würzen.

Mehl und Stärke dazugeben und untermischen. Das Ei ebenfalls untermischen. Alles mit den Händen zu einem Teig kneten, zu acht Knödeln formen und mit den Rhabarberwürfeln füllen.

Die Knödel in reichlich kochendem Wasser und zugedeckt bei mittlerer Hitze 15–20 Minuten ziehen lassen, bis sie oben schwimmen. Mit einer Schaumkelle aus dem Wasser nehmen.

Den Braten aus dem Ofen holen und 10 Minuten ruhen lassen. Den Bratensatz durch ein Sieb schütten und in einem Topf auffangen. Die Brühe mit Sahne aufkochen und mit Salz und Pfeffer würzen. Den Braten in 1 cm dicke Scheiben schneiden und mit den Knödeln und dem Bratenfond servieren.

1,6 kg	Schweinebraten aus der Keule
2 EL	Rapsöl
150 g	Karotten
100 g	Knollensellerie
100 g	Zwiebeln
2 EL	Tomatenmark
500 ml	Kalbsbrühe
200 g	Rhabarber
20 g	Butter
1 TL	Zucker
750 g	Kartoffeln
75 g	Mehl
75 g	Kartoffelstärke
1	Ei
100 g	Sahne
	Meersalz
	frisch geriebene Muskatnuss
	frisch gemahlener schwarzer Pfeffer

Gebackener RHABARBER MIT ERDBEEREN

Den Backofen auf 200 °C vorheizen. Rhabarber waschen, putzen und in 30 cm lange Stücke schneiden. In eine Auflaufform von 30 x 15 cm legen. Mit Olivenöl beträufeln und mit Salz und Pfeffer würzen.

Die Erdbeeren waschen und den grünen Stielansatz abschneiden. Die großen Früchte halbieren.

Den Auflauf für 20–25 Minuten im oberen Drittel des Ofens backen. Kurz vor Ende der Backzeit die Erdbeeren zufügen und mit Rohrzucker bestreuen. 3 Minuten im Ofen karamellisieren.

Rhabarber und Erdbeeren mit altem Balsamico und Waldmeister servieren.

1 kg	Rhabarber
3 EL	Olivenöl
280 g	Erdbeeren
6 EL	Rohrzucker
4 EL	alter Balsamicoessig
4	Waldmeisterzweige
	Meersalz
	frisch gemahlener weißer Pfeffer

Reibekuchen auf
RHABARBER-
MUS

➤➤ ← FÜR 4 PORTIONEN → ←←

Die Kartoffeln schälen und mit der Reibe grob reiben. Mit den Händen ausdrücken und die Flüssigkeit wegschütten. Das Ei zufügen, vermengen und mit Salz, Muskatnuss und Pfeffer würzen. Eine beschichtete Pfanne mit 3 EL Rapsöl erhitzen. Aus der Kartoffelmasse kleine Reibekuchen formen und 3–4 Minuten von jeder Seite goldbraun ausbacken. Die Reibekuchen vor dem Servieren auf Küchenpapier abtropfen lassen.

Den Rhabarber waschen, putzen und in Scheiben schneiden. Das restliche Rapsöl in einem Topf erhitzen und die Scheiben darin anbraten. Mit dem Rhabarbersaft auffüllen und 10–12 Minuten kochen. Alles mit einem Stabmixer fein pürieren und vollständig abkühlen lassen. Das Rhabarbermus mit dem Zucker würzen und mit den heißen Reibekuchen servieren.

750 g	Kartoffeln
1	Ei
4 EL	Rapsöl
750 g	Rhabarber
200 ml	Rhabarbersaft
70 g	Zucker
	Meersalz
	frisch geriebene Muskatnuss
	frisch gemahlener schwarzer Pfeffer

Schupfnudeln auf
RHABARBER

»» → FÜR 4 PORTIONEN ← ««

Die Kartoffeln schälen und in Salzwasser weich kochen. Das Wasser abgießen und die Kartoffeln auf dem Herd 5 Minuten bei schwacher Hitze ausdämpfen lassen, bis sie eine trockene Haut haben. Durch eine Kartoffelpresse drücken. Stärke, Grieß, Ei, Muskatnuss und Pfeffer zufügen und auf einer bemehlten Arbeitsfläche zu einem glatten Teig kneten. Aus dem Teig etwa 3 cm lange Stücke rollen.

Die Schupfnudeln in kochendem Salzwasser garen, bis sie nach oben steigen. Mit einer Schöpfkelle herausholen und gut abtropfen lassen.

Den Rhabarber waschen, putzen und in schräge Rauten schneiden.

Zum Servieren die Schupfnudeln und die Rhabarberstücke in der heißen Butter braten. Mit Honig und Meersalz würzen. Die Minze waschen, zupfen und das Gericht damit bestreut servieren.

250 g	mehligkochende Kartoffeln
2 EL	Kartoffelstärke
2 EL	Hartweizengrieß
1	Ei
300 g	Rhabarber
40 g	Butter
1 EL	Honig
4	frische Minzzweige
	Meersalz
	frisch geriebene Muskatnuss
	frisch gemahlener schwarzer Pfeffer
	Mehl für die Arbeitsfläche

Ziegenkäsetaler
AUF
RHABARBER

»» → FÜR 4 PORTIONEN ← ««

Die Ziegenkäsetaler aus der Verpackung nehmen und bereitstellen. Sesam und Semmelbrösel mischen. Das Ei verquirlen. Die Taler in Mehl wenden, durch das Ei ziehen und in der Panade wälzen.

Den Rhabarber waschen, putzen und klein schneiden. Den Zucker bei mittlerer Hitze karamellisieren und zwei Drittel des Rhabarbers zufügen. 4–5 Minuten dünsten, bis sich der Zucker komplett aufgelöst hat. Den restlichen Rhabarber zufügen und weich kochen.

Den Ziegenkäse in Olivenöl von jeder Seite 2 Minuten braten. Den Rhabarber auf Teller verteilen und mit jeweils einem Ziegenkäsetaler servieren.

4	Ziegenkäsetaler
2 EL	Sesam
2 EL	Semmelbrösel
1	Ei
500 g	Rhabarber
120 g	Zucker
2 EL	Olivenöl
Mehl zum Panieren	

Desserts

RHABARBER-
Erdbeer-
KOMPOTT

→→ → FÜR 4 PORTIONEN ← ←←

Die Erdbeeren waschen und trocken tupfen. Das Grün am Stielansatz abschneiden und die Erdbeeren halbieren. Den Rhabarber waschen, putzen und in 2 cm große Stücke schneiden.

Den Zucker in einem Topf langsam karamellisieren. Zwei Drittel des Rhabarbers zufügen und mit dem Rotwein auffüllen. Sternanis und Zimt beigeben. 5–7 Minuten kochen lassen. Den restlichen Rhabarber zufügen und 2 Minuten leise kochen.

Die Stärke im Traubensaft auflösen und das kochende Kompott damit binden. Die Erdbeeren untermengen und das Kompott abkühlen lassen. Mit frischer Minze servieren.

500 g	Erdbeeren
700 g	Rhabarber
120 g	Zucker
100 ml	Rotwein
1	Sternanis
1	Prise Zimt
1 EL	Speisestärke
3 EL	Traubensaft
frische Minzzweige zum Garnieren	

RHABARBER-
Crêpes

Milch, Mehl, Eier und Olivenöl zu einem glatten Teig verrühren. 30 Minuten ruhen lassen. Eine beschichtete Pfanne mit Rapsöl einfetten, den Teig darin portionsweise dünn ausbacken und die Crêpes abkühlen lassen.

Den Rhabarber waschen, putzen und in grobe Stücke schneiden. In Butter 4 Minuten scharf anbraten, mit Zucker bestreuen und 2 Minuten karamellisieren, bis der Rhabarber weich ist. Jeweils 3–4 EL Rhabarberstücke in die Mitte eines Crêpes legen und diesen einschlagen.

TIPP: Die Crêpes können kalt und warm serviert werden. Zum Erwärmen die Crêpes für 3 Minuten in den vorgeheizten Ofen stellen.

250 ml	Milch
60 g	Mehl
6	Eier
2 EL	Olivenöl
2 EL	Rapsöl
500 g	Rhabarber
10 g	Butter
40 g	Zucker

Rote Grütze mit RHABARBER UND VANILLESAUCE

FÜR 4 PORTIONEN

Den Rhabarber waschen, putzen und in 1 cm große Stücke schneiden. Den Zucker in einem Topf mit schwerem Boden karamellisieren. Die Rhabarberstücke zufügen und 1 Minute darin garen. 200 ml Traubensaft zufügen und aufkochen, bis sich der Zucker vom Topfboden gelöst hat. 1 TL Stärke im restlichen Traubensaft auflösen und die Flüssigkeit damit binden. Die Beerenmischung zufügen und die Grütze vom Herd nehmen.

Für die Vanillesauce die Vanilleschote längs halbieren und das Mark herauskratzen. 300 ml Milch mit Zucker, Salz und Vanillemark aufkochen. Den Topf beiseitestellen.

Die restliche Milch mit den Eigelben und der restlichen Stärke verrühren. Die Vanillemilch erneut aufkochen und die Milch-Eigelb-Mischung unter ständigem Rühren hineingießen. Bei schwacher Hitze 1 Minute köcheln lassen.

Grütze und Vanillesauce heiß oder kalt genießen.

200 g	Rhabarber
120 g	Zucker
210 ml	Traubensaft
2 TL	Speisestärke
500 g	gemischte TK-Beeren
1	Vanilleschote
450 ml	Milch
40 g	Rohrzucker
1	Prise Salz
3	Eigelb

Wackelpeter
MIT
RHABARBER

Weißes RHABARBER-PARFAIT

Den Rhabarber waschen, putzen und in kleine Würfel schneiden. Die Butter mit den Rhabarberwürfeln 5 Minuten braten. Den Honig zufügen, den Topf vom Herd nehmen und vollständig abkühlen lassen.

Eigelbe, Ei und Zucker in einer Schüssel mit einem Handmixer 4 Minuten über einem Wasserbad schaumig schlagen. Die Kuvertüre hacken und über dem Wasserbad schmelzen. Die Sahne mit dem Handmixer in einer Schüssel steif schlagen. Die Gelatine in kaltem Wasser einweichen, dann ausdrücken und bei schwacher Hitze auflösen.

Die flüssige Kuvertüre unter ständigem Rühren in die Eimasse gießen und gleichmäßig verteilen. Die flüssige Gelatine einrühren. Ein Drittel der geschlagenen Sahne mit einem Teigspachtel unter die Schokoladenmasse rühren. Den Rest mit einem Schneebesen vorsichtig unterheben.

Die Parfaitmasse in acht Förmchen von 5–8 cm Ø füllen und für 6–8 Stunden einfrieren. Die Parfaits aus den Förmchen lösen.

TIPP: Um das Parfait aus der Form zu lösen, tauchen Sie die Förmchen zu drei Viertel in heißes Wasser und stürzen sie dann auf einen Teller.

150 g	Rhabarber
1 EL	Butter
1 EL	Honig
3	Eigelb
1	Ei
40 g	Zucker
100 g	weiße Kuvertüre
250 g	Sahne
2 Blatt	Gelatine

Wackelpeter
MIT
RHABARBER

Den Rhabarber waschen, putzen und klein schneiden. Rhabarberstücke, Zucker und Rhabarbersaft aufkochen und zugedeckt 10 Minuten ziehen lassen.

Die Gelatine in kaltem Wasser einweichen, dann ausdrücken. In der heißen Flüssigkeit unterrühren und auflösen. Den Wackelpeter in Gläser füllen und für 5 Stunden im Kühlschrank kühl stellen.

150 g	Rhabarber
60 g	Zucker
400 ml	Rhabarbersaft
6 Blatt	Gelatine

Milchreis
MIT
RHABARBER

»→ FÜR 4 PORTIONEN ←«

Die Vanilleschote längs halbieren und das Mark auskratzen. Die Milch mit dem Vanillemark in einen Topf geben und den Milchreis dazugeben. Unter Rühren alles aufkochen und zugedeckt 30–35 Minuten leise kochen lassen. Zwischendurch immer wieder umrühren. Den Reis vom Herd nehmen und 40 g Zucker einrühren.

Den Rhabarber waschen, putzen und in 1 cm große Stücke schneiden. Die Butter in einer Pfanne erhitzen und die Rhabarberstücke 4–5 Minuten darin anbraten. Den restlichen Zucker zufügen und mit dem Rhabarbersaft auffüllen. Die Flüssigkeit komplett einkochen, bis ein sämiges Kompott entsteht. Den Milchreis mit dem Kompott servieren.

½	Vanilleschote
1 l	Milch
250 g	Milchreis
80 g	Zucker
400 g	Rhabarber
20 g	Butter
100 ml	Rhabarbersaft

Topfenknödel
MIT
RHABARBER

»» → FÜR 4 PORTIONEN ← ««

Den Rhabarber waschen, putzen und in 2 cm große Rauten schneiden. 60 g Zucker karamellisieren. Rhabarberrauten sowie Rotwein zufügen und 10 Minuten einkochen. Sobald aus dem Rhabarber ein Mus geworden ist, den Topf vom Herd nehmen und abkühlen lassen. Den restlichen Zucker zufügen.

Für die Knödel den braunen Zucker und die Eigelbe über einem Wasserbad schaumig schlagen. Zitronenabrieb, Butter und Quark unterrühren. Die Weißbrotwürfel unterheben und 15 Minuten abgedeckt ruhen lassen.

Reichlich Wasser mit etwas Zucker in einem ausreichend großen Topf zum Kochen bringen. Aus der Quark-Weißbrot-Masse kleine Knödel formen und bei schwacher Hitze pochieren, bis die Knödel obenauf schwimmen. Vor dem Servieren die Knödel in Keksbröseln wenden und mit dem Rhabarber servieren.

350 g	Rhabarber
100 g	Zucker zzgl. etwas zum Kochen
60 ml	Rotwein
60 g	brauner Zucker
4	Eigelb
	abgeriebene Schale von 1 unbehandelten Zitrone
50 g	Butter
500 g	Quark (Magerstufe)
120 g	Weißbrotwürfel
100 g	Keksbrösel

RHABARBER-
Joghurt-
EIS

➤➤ → FÜR 4 PORTIONEN ← ◀◀

Den Joghurt in ein hohes Gefäß füllen. Den Rhabarber waschen, putzen und in Stücke schneiden. In eine Schüssel geben und mit Zucker bestreuen. Für 40 Minuten einfrieren.

Den gefrorenen Rhabarber mit einem Stabmixer mit dem Joghurt pürieren. Das kühle Joghurteis mit dem Honig beträufelt servieren.

500 g	Joghurt (Fettstufe)
250 g	Rhabarber
120 g	Zucker
2 EL	Waldhonig

Getränke

RHABARBER-
Erdbeer-
SMOOTHIE

»» → FÜR 4 PORTIONEN ← ««

Die Erdbeeren waschen und das Grün am Stielansatz abschneiden. Die Rhabarberstangen waschen, putzen und klein schneiden.

Den Traubensaft zusammen mit den Erdbeeren und den Rhabarberstücken in einen Mixer geben und 3 Minuten auf höchster Stufe mixen.

Zum Servieren den Smoothie mit Zitronensaft und Honig verfeinern.

250 g	Erdbeeren
250 g	Rhabarber
200 ml	Traubensaft
Saft von ½	Zitrone
2 EL	Honig

RHABARBER-
Bowle mit
ERDBEEREN UND MINZE

➤➤→ FÜR CA. 1,5 LITER ←◄◄

Den Rhabarbersaft zusammen mit dem Weißwein und dem Prosecco in ein Bowlegefäß gießen und alles verrühren.

Die Erdbeeren über einem Sieb waschen, das Grün am Stielansatz abschneiden und die Erdbeeren halbieren. Die Minzzweige waschen, trocken schütteln und die Blätter abzupfen. Die Erdbeerhälften mit den Minzblättern in die Bowle geben.

Zum Servieren die Bowle mit etwas Crushed Ice auffüllen.

500 ml	Rhabarbersaft
250 ml	trockener Weißwein
250 ml	Prosecco
500 g	Erdbeeren
4	frische Minzzweige
Crushed Ice zum Servieren	

RHABARBER-
Ingwer-
WASSER

FÜR CA. 1,5 LITER

Das Wasser mit dem Rhabarbersaft mischen.

Den Rhabarber waschen, putzen und in 1 cm große Stücke schneiden. Den Ingwer schälen und in 3 mm dünne Scheiben schneiden. Die Limette halbieren. Eine Hälfte auspressen und die andere in Scheiben schneiden.

Rhabarberstücke, Ingwerscheiben und Limettenscheiben in das Rhabarberwasser geben und mit ein paar Spritzern Limettensaft abschmecken. Bis zum Servieren kalt stellen.

750 ml	Mineralwasser (Medium)
750 ml	Rhabarbersaft
100 g	Rhabarber
5 cm	frischer Ingwer
1	unbehandelte Limette

RHABARBER-
Limonade

RHABARBER-
Bananen-Smoothie
MIT SALBEI

RHABARBER-
Limonade

Den Rhabarber waschen, putzen und in kleine Stücke schneiden. Zusammen mit dem Limettensaft, Zucker und 600 ml Wasser 10 Minuten köcheln lassen.

Die Flüssigkeit durch ein feines Sieb drücken oder durch ein Passiertuch seihen und kalt stellen. Eiskalt in Gläser gefüllt servieren.

440 g Rhabarber

Saft von **1** Limette

160 g Zucker

RHABARBER-
Bananen–Smoothie
MIT SALBEI

➤➤→ FÜR 4 PORTIONEN ←←◄

Die Bananen schälen und in Scheiben schneiden. Den Rhabarber waschen, putzen und in kleine Stücke schneiden. Den Salbei waschen, trocken schütteln und die Blätter abzupfen.

Rhabarbersaft mit den Rhabarberstücken und Bananenscheiben im Mixer 3 Minuten auf höchster Stufe pürieren. Dabei die Ascorbinsäure und die Salbeiblätter zufügen.

Den Smoothie mit Ahornsirup abschmecken.

250 g	Bananen
300 g	Rhabarber
4	Salbeizweige
200 ml	Rhabarbersaft
½ TL	Ascorbinsäure
2 EL	Ahornsirup

REGISTER

FRÜHSTÜCK   14–31

RHABARBERMÜSLI MIT JOGHURT
UND HONIG   **17**

RHABARBERPFANNKUCHEN   **18**

RHABARBERFLADEN MIT VANILLEQUARK   **21**

RHABARBER-APFEL-KONFITÜRE   **24**

RHABARBER-BANANEN-KONFITÜRE   **25**

RHABARBER-ERDBEER-KONFITÜRE   **25**

RHABARBER-ERDBEER-QUARK   **27**

RHABARBER-CORNFLAKES-
CRUMBLE   **28**

RHABARBER-BUTTERMILCH-STUTEN   **31**

BACKEN   32–53

RHABARBER-MILCHREIS-TARTE   **35**

RHABARBERKUCHEN
MIT WEISSER SCHOKOLADE   **36**

RHABARBERKUCHEN IM GLAS   **39**

RHABARBER-PIE   **40**

RHABARBER-BANANEN-MUFFIN   **44**

RHABARBER-SÜSSKARTOFFEL-MUFFIN   **45**

RHABARBER-CHEESECAKE   **47**

RHABARBER-GEMÜSE-TARTE   **48**

MOHN-SAVARIN
MIT RHABARBERSAUCE   **51**

RHABARBER-APFEL-ZIMT-KUCHEN   **52**

SALATE UND SUPPEN   54–73

RHABARBER-SPARGEL-SALAT
MIT HIMBEERVINAIGRETTE   **56**

RHABARBER-MOZZARELLA-SALAT   **59**

RHABARBER-ROTE-BETE-SALAT
MIT KÜRBISKERNÖL   **60**

EISBERG-COCKTAIL MIT RHABARBER
UND GARNELEN   **63**

RHABARBER-PAPRIKA-SALAT   **64**

RHABARBER-FEIGEN-SALAT
MIT SÜSSEM SENF   **67**

WILDKRÄUTERSALAT MIT RHABARBER,
GURKE UND LACHS   **70**

FELDSALAT MIT SPECK UND
RHABARBER-CHUTNEY   **71**

RHABARBER-KIRSCH-SUPPE
MIT TONKABOHNE   **73**

HAUPTGÄNGE   74–107

MAISHÄHNCHENBRUST
MIT GEBRATENEM RHABARBER   **77**

GERÄUCHERTE FORELLE
MIT SCHUPFNUDELN UND
RHABARBERVINAIGRETTE   **78**

GEBACKENES KRÄUTERHÄHNCHEN
MIT RHABARBER   **80**

LAMMKOTELETTS MIT RHABARBER-
CHUTNEY   **84**

ENTENBRUST MIT RHABARBER
UND PFEFFERJUS   **85**

KALBSFILET AUF RHABARBER-
MÖHREN-GEMÜSE   **86**

RINDERGULASCH MIT KAKAO
UND RHABARBER   **89**

KALBSLEBER MIT APFEL UND RHABARBER   **90**

RHABARBER-RISOTTO MIT THUNFISCH   **93**

KROSSER ZANDER AUF RHABARBER-
COUSCOUS   **96**

SCHWEINEFILET MIT RHABARBER
UND ANANAS   **97**

SCHWEINEFILET MIT RHABARBER-
KARTOFFELKNÖDELN   **98**

GEBACKENER RHABARBER
MIT ERDBEEREN   **101**

REIBEKUCHEN AUF RHABARBERMUS   **102**

SCHUPFNUDELN AUF RHABARBER   **105**

ZIEGENKÄSETALER AUF RHABARBER   **106**

DESERTS

108–125

RHABARBER-ERDBEER-KOMPOTT	110
RHABARBER-CRÊPES	113
ROTE GRÜTZE MIT RHABARBER UND VANILLESAUCE	115
WEISSES RHABARBER-PARFAIT	118
WACKELPETER MIT RHABARBER	119
MILCHREIS MIT RHABARBER	120
TOPFENKNÖDEL MIT RHABARBER	123
RHABARBER-JOGHURT-EIS	124

GETRÄNKE

126–137

RHABARBER-ERDBEER-SMOOTHIE	128
RHABARBER-BOWLE MIT ERDBEEREN UND MINZE	131
RHABARBER-INGWER-WASSER	132
RHABARBERLIMONADE	136
RHABARBER-BANANEN-SMOOTHIE MIT SALBEI	137

A–Z

A

AHORNSIRUP	97, 137
ANANAS	
SCHWEINEFILET MIT RHABARBER UND ANANAS	97
APFEL	
KALBSLEBER MIT APFEL UND RHABARBER	90
RHABARBER-APFEL-KONFITÜRE	24
RHABARBER-APFEL-ZIMT-KUCHEN	52
ASCORBINSÄURE	137
AUBERGINE	48

B

BACKPULVER	36, 39, 44, 47, 52
BANANE	
RHABARBER-BANANEN-KONFITÜRE	25
RHABARBER-BANANEN-MUFFIN	44
RHABARBER-BANANEN-SMOOTHIE MIT SALBEI	137
BASILIKUM	59, 64, 97
BEEREN	115
BISKUITBRÖSEL	51
BLATTSALAT	59
BUTTERMILCH: RHABARBER-BUTTERMILCH-STUTEN	31

C

CORNFLAKES: RHABARBER-CORNFLAKES-CRUMBLE	28
COUSCOUS: KROSSER ZANDER AUF RHABARBER-COUSCOUS	96
CURRYPULVER	71, 96

E

EI	18, 31, 35, 36, 39, 40, 44, 45, 47, 48, 51, 78, 98, 102, 105, 106, 113, 118
EISBERGSALAT: EISBERG-COCKTAIL MIT RHABARBER UND GARNELEN	63
ENTENBRUST: ENTENBRUST MIT RHABARBER UND PFEFFERJUS	85
ENTENFOND	85
ERDBEEREN	59
ERDBEERKONFITÜRE	27
GEBACKENER RHABARBER MIT ERDBEEREN	101
RHABARBER-BOWLE MIT ERDBEEREN UND MINZE	131
RHABARBER-ERDBEER-KOMPOTT	110
RHABARBER-ERDBEER-KONFITÜRE	25
RHABARBER-ERDBEER-QUARK	27
RHABARBER-ERDBEER-SMOOTHIE	128

REGISTER

F

FEIGEN: RHABARBER-FEIGEN-SALAT
MIT SÜSSEM SENF   **67**

FELDSALAT   **90**

FELDSALAT MIT SPECK
UND RHABARBER-CHUTNEY   **71**

FORELLE: GERÄUCHERTE FORELLE MIT
SCHUPFNUDELN UND RHABARBER-
VINAIGRETTE   **78**

FRUCHTSAFT   **28**

FRÜHLINGSZWIEBELN   **70**

G

GARNELEN: EISBERG-COCKTAIL MIT
RHABARBER UND GARNELEN   **63**

GARTENKRESSE   **60**

GEFLÜGELBRÜHE   **77**

GELATINE   **118, 119**

GELIERZUCKER (2:1)   **24, 25**

GEMÜSEBRÜHE   **73, 86, 93, 96**

GURKE: WILDKRÄUTERSALAT MIT
RHABARBER, GURKE UND LACHS   **70**

H

HAGELZUCKER   **31**

HARTWEIZENGRIESS   **47, 78, 105**

HEFE   **21, 31**

HIMBEEREN: RHABARBER-SPARGEL-
SALAT MIT HIMBEERVINAIGRETTE   **56**

HONIG   **51, 59, 63, 64, 85, 90,
105, 118, 124, 128**

RHABARBERMÜSLI MIT JOGHURT
UND HONIG   **17**

I

INGWER: RHABARBER-INGWER-WASSER   **132**

J

JOGHURT

RHABARBER-JOGHURT-EIS   **124**

RHABARBERMÜSLI MIT JOGHURT
UND HONIG   **17**

K

KAKAOPULVER   **85**

RINDERGULASCH MIT KAKAO UND
RHABARBER   **89**

KALBSBRÜHE   **90, 98**

KALBSFILET: KALBSFILET
AUF RHABARBER-MÖHREN-GEMÜSE   **86**

KALBSLEBER: KALBSLEBER MIT APFEL
UND RHABARBER   **90**

KAROTTEN   **98**

KARTOFFELMEHL   **78**

KARTOFFELN   **77, 78, 86, 102, 105**

SCHWEINEBRATEN MIT RHABARBER-
KARTOFFELKNÖDELN   **98**

KARTOFFELSTÄRKE   **98, 105**

KEKSBRÖSEL   **123**

KICHERERBSENMEHL   **45**

KIRSCHEN: RHABARBER-KIRSCH-SUPPE
MIT TONKABOHNE   **73**

KNOBLAUCH   **81, 84, 89**

KNUSPERFLOCKEN-MISCHUNG   **17**

KOKOSMILCH   **73**

KÜRBISKERNE   **60**

KUVERTÜRE   **118**

RHABARBERKUCHEN MIT WEISSER
SCHOKOLADE   **36**

L

LACHS: WILDKRÄUTERSALAT MIT RHABARBER, GURKE UND LACHS   **70**

LAMMKOTELETT: LAMMKOTELETTS MIT RHABARBER-CHUTNEY   **84**

LIMETTE   **25, 28, 132, 136**

M

MAISHÄHNCHEN: MAISHÄHNCHENBRUST MIT GEBRATENEM RHABARBER   **77**

MAISSTÄRKE   **27, 40**

MANDELGRIESS   **39**

MANDELN   **35**

MASCARPONE   **28**

MASTHÄHNCHEN: GEBACKENES KRÄUTERHÄHNCHEN MIT RHABARBER   **81**

MEHL   **18, 21, 28, 31, 36, 39, 40, 44, 45, 47, 48, 52, 78, 98, 113**

MILCH   **18, 21, 31, 52, 84, 113, 115, 120**

MILCHREIS

   MILCHREIS MIT RHABARBER   **120**

   RHABARBER-MILCHREIS-TARTE   **35**

MINERALWASSER   **132**

MINZE   **63, 96, 105**

   RHABARBER-BOWLE MIT ERDBEEREN UND MINZE   **131**

MOHN: MOHN-SAVARIN MIT RHABARBERSAUCE   **51**

MÖHREN: KALBSFILET AUF RHABARBER-MÖHREN-GEMÜSE   **86**

MOZZARELLA: RHABARBER-MOZZARELLA-SALAT   **59**

P

PAPRIKA: RHABARBER-PAPRIKA-SALAT   **64**

PAPRIKAPULVER   **81, 89**

PARMESAN   **48, 67, 84, 93**

PFEFFERKÖRNER   **25**

PINIENKERNE   **64**

POLENTA   **84**

PORTWEIN   **90**

PROSECCO   **131**

PUDERZUCKER   **18, 21, 27**

Q

QUARK   **35, 47, 52, 123**

   RHABARBER-ERDBEER-QUARK   **27**

   RHABARBERFLADEN MIT VANILLEQUARK   **21**

R

RADIESCHEN   **70**

RHABARBER

   EISBERG-COCKTAIL MIT RHABARBER UND GARNELEN   **63**

   ENTENBRUST MIT RHABARBER UND PFEFFERJUS   **85**

   FELDSALAT MIT SPECK UND RHABARBER-CHUTNEY   **71**

   GEBACKENER RHABARBER MIT ERDBEEREN   **101**

   GEBACKENES KRÄUTERHÄHNCHEN MIT RHABARBER   **81**

   GERÄUCHERTE FORELLE MIT SCHUPFNUDELN UND RHABARBER-VINAIGRETTE   **78**

   KALBSFILET AUF RHABARBER-MÖHREN-GEMÜSE   **86**

   KALBSLEBER MIT APFEL UND RHABARBER   **90**

   KROSSER ZANDER AUF RHABARBER-COUSCOUS   **96**

   LAMMKOTELETTS MIT RHABARBER-CHUTNEY   **84**

   MAISHÄHNCHENBRUST MIT GEBRATENEM RHABARBER   **77**

   MILCHREIS MIT RHABARBER   **120**

REGISTER

MOHN-SAVARIN MIT RHABARBERSAUCE 51

REIBEKUCHEN AUF RHABARBERMUS 102

RHABARBER-APFEL-KONFITÜRE 24

RHABARBER-APFEL-ZIMT-KUCHEN 52

RHABARBER-BANANEN-KONFITÜRE 25

RHABARBER-BANANEN-MUFFIN 44

RHABARBER-BANANEN-SMOOTHIE MIT SALBEI 137

RHABARBER-BOWLE MIT ERDBEEREN UND MINZE 131

RHABARBER-BUTTERMILCH-STUTEN 31

RHABARBER-CHEESECAKE 47

RHABARBER-CORNFLAKES-CRUMBLE 28

RHABARBER-CRÊPES 113

RHABARBER-ERDBEER-KOMPOTT 110

RHABARBER-ERDBEER-KONFITÜRE 25

RHABARBER-ERDBEER-QUARK 27

RHABARBER-ERDBEER-SMOOTHIE 128

RHABARBER-FEIGEN-SALAT MIT SÜSSEM SENF 67

RHABARBER-GEMÜSE-TARTE 48

RHABARBER-INGWER-WASSER 132

RHABARBER-JOGHURT-EIS 124

RHABARBER-KIRSCH-SUPPE MIT TONKABOHNE 73

RHABARBERKUCHEN IM GLAS 39

RHABARBERKUCHEN MIT WEISSER SCHOKOLADE 36

RHABARBERLIMONADE 136

RHABARBER-MILCHREIS-TARTE 35

RHABARBER-MOZZARELLA-SALAT 59

RHABARBERMÜSLI MIT JOGHURT UND HONIG 17

RHABARBER-PAPRIKA-SALAT 64

RHABARBERPFANNKUCHEN 18

RHABARBER-PIE 40

RHABARBERFLADEN MIT VANILLEQUARK 21

RHABARBER-RISOTTO MIT THUNFISCH 93

RHABARBER-ROTE-BETE-SALAT MIT KÜRBISKERNÖL 60

RHABARBER-SPARGEL-SALAT MIT HIMBEERVINAIGRETTE 56

RHABARBER-SÜSSKARTOFFEL-MUFFIN 45

RINDERGULASCH MIT KAKAO UND RHABARBER 89

ROTE GRÜTZE MIT RHABARBER UND VANILLESAUCE 115

SCHUPFNUDELN AUF RHABARBER 105

SCHWEINEBRATEN MIT RHABARBER-KARTOFFELKNÖDELN 98

SCHWEINEFILET MIT RHABARBER UND ANANAS 97

TOPFENKNÖDEL MIT RHABARBER 123

WACKELPETER MIT RHABARBER 119

WEISSES RHABARBER-PARFAIT 118

WILDKRÄUTERSALAT MIT RHABARBER, GURKE UND LACHS 70

ZIEGENKÄSETALER AUF RHABARBER 106

RHABARBERSAFT 27, 40, 71, 102, 119, 120, 131, 133, 137

RINDERBRÜHE 89

RINDERGULASCH: RINDERGULASCH MIT KAKAO UND RHABARBER 89

RISOTTO: RHABARBER-RISOTTO MIT THUNFISCH 93

ROHRZUCKER 21, 28, 35, 47, 51, 56, 64, 71, 81, 101, 115

ROSMARIN 81, 84

ROTE BETE: RHABARBER-ROTE-BETE-SALAT MIT KÜRBISKERNÖL 60

ROTWEIN 84, 89, 110, 123

RUCOLA 67

RUM 51

S

SAHNE **31**, **81**, **98**, **118**

SAHNEQUARK **27**

SALBEI: RHABARBER-BANANEN-
SMOOTHIE MIT SALBEI **134**

SANDDORNSAFT **17**

SCHALOTTEN **71**, **73**, **77**, **86**, **93**

SCHMAND **63**

SCHNITTLAUCH **56**, **77**

SCHUPFNUDELN

GERÄUCHERTE FORELLE MIT
SCHUPFNUDELN UND RHABARBER-
VINAIGRETTE **78**

SCHUPFNUDELN AUF RHABARBER **105**

SCHWEINEBRATEN: SCHWEINEBRATEN
MIT RHABARBER-KARTOFFELKNÖDELN **98**

SCHWEINEFILET: SCHWEINEFILET
MIT RHABARBER UND ANANAS **97**

SELLERIE **98**

SEMMELBRÖSEL **35**, **48**, **77**, **106**

SENF **56**, **64**, **71**, **90**

RHABARBER-FEIGEN-SALAT
MIT SÜSSEM SENF **67**

SOJASAUCE **77**, **85**

SPARGEL: RHABARBER-SPARGEL-SALAT
MIT HIMBEERVINAIGRETTE **56**

SPECK **77**

FELDSALAT MIT SPECK
UND RHABARBER-CHUTNEY **71**

SPEISESTÄRKE **71**, **110**, **115**

STERNANIS **110**

SÜSSKARTOFFELN: RHABARBER-
SÜSSKARTOFFEL-MUFFIN **45**

T

THUNFISCH: RHABARBER-RISOTTO
MIT THUNFISCH **93**

THYMIAN **48**, **81**, **86**

TOMATENMARK **85**, **89**, **98**

TONKABOHNE: RHABARBER-KIRSCH-
SUPPE MIT TONKABOHNE **73**

TRAUBENSAFT **27**, **110**, **115**, **128**

V

VANILLESCHOTE **21**, **25**, **28**, **120**

ROTE GRÜTZE MIT RHABARBER
UND VANILLESAUCE **115**

VANILLEZUCKER **39**, **47**

W

WALDMEISTER **101**

WEISSBROT **123**

WEISSWEIN **131**

WILDKRÄUTERSALAT: WILDKRÄUTERSALAT
MIT RHABARBER, GURKE UND LACHS **70**

Z

ZANDER: KROSSER ZANDER AUF
RHABARBER-COUSCOUS **96**

ZIEGENKÄSE: ZIEGENKÄSETALER AUF
RHABARBER **106**

ZIMT **85**, **110**

RHABARBER-APFEL-ZIMT-KUCHEN **52**

ZITRONE **24**, **27**, **31**, **35**, **63**,
81, **93**, **96**, **123**, **128**

ZUCCHINI **48**

ZUCKER **21**, **31**, **36**, **39**, **40**, **44**,
45, **47**, **51**, **52**, **56**, **60**, **63**,
67, **70**, **78**, **84**, **85**, **86**, **89**,
93, **98**, **102**, **106**, **110**, **113**,
115, **118**–**120**, **123**, **124**, **136**

ZWIEBEL **48**, **71**, **84**, **89**, **98**

© 2016 Fackelträger Verlag GmbH, Köln
Emil-Hoffmann-Straße 1
D-50996 Köln

Fotografie, Rezeptentwicklung und Texte:
Rafael Pranschke, Mülheim an der Ruhr

Fotoassistenz: Lukas Kotremba, Mülheim an der Ruhr

Assistenz: Jonas Grünke, Mülheim an der Ruhr

Layout und Umschlaggestaltung: Ina Wild, Hamburg

Satz: Achim Münster, Overath

Konzeption, Redaktion und Lektorat: Svenja K. Sammet

Gesamtherstellung: Fackelträger Verlag GmbH, Köln

ISBN 978-3-7716-4622-6
Printed in Poland

www.fackeltraeger-verlag.de